Robert Preis

111 schaurige Orte in der Steiermark, die man gesehen haben muss

Mit Fotografien von Niki Schreinlechner

111

Schauriges Vergnügen!

emons:

Bibliografische Information der Deutschen Nationalbibliothek
Die Deutsche Nationalbibliothek verzeichnet diese Publikation in der Deutschen Nationalbibliografie; detaillierte bibliografische Daten sind im Internet über http://dnb.d-nb.de abrufbar.

Layout: Eva Kraskes, nach einem Konzept
von Lübbeke | Naumann | Thoben
Kartografie: altancicek.design, www.altancicek.de
Kartenbasisinformationen aus Openstreetmap,
© OpenStreetMap-Mitwirkende, ODbL
Druck und Bindung: CPI – Clausen & Bosse, Leck
Printed in Germany 2019
Erstausgabe 2019
ISBN 978-3-7408-0445-9
Aktualisierte Neuauflage März 2019

Vorwort

Die Steiermark ist Genussland, Postkartenland, Tourismusland, Wohlfühlland, Herzeigeland – so gmiatlich und kommod ist es sonst nirgendwo. Das ist die eine Seite. Mich interessiert aber die andere. Die weniger attraktive. Im Steirerland nach schaurigen Orte zu suchen, birgt einen Widerspruch in sich. Schaurige Orte? Im schönsten Land der Welt? Schwer möglich. Oder doch? Diese Reise gemeinsam mit Niki Schreinlechner führte mich durch ein von Wäldern und Almen durchzogenes Land. Immer wieder war dabei aber auch von der dunklen Seite die Rede, von Mächten der Finsternis, die besonders in abgelegenen Regionen sehr gern ihr Unwesen treiben. In diesem Buch habe ich 111 Geschichten zusammengetragen, die von furchtbaren Schlachten handeln, von mysteriösen Schauergeschichten, uralten Legenden, wilden Ammenmärchen und tatsächlichen Gewalttaten. Daraus ist ein Panoptikum des Grauens geworden, ein tief in die finstere Seite der Steiermark blickendes Buch, das ein Land beleuchtet, dessen Charme durchaus auch ein morbider sein kann.

Aber was treibt einen dazu, sich am Schauer des Mysteriösen zu ergötzen? Bevor Sie mir diese Frage stellen, stellte ich sie mir selbst, und ich muss zugeben, dass es für mich tatsächlich eine ungebrochene Faszination darstellt, das Dunkle im Hellen zu suchen. Das Böse im augenscheinlich Guten.

Ohne despektierlich sein zu wollen, die Steiermark ist nun einmal ein merkwürdiges Land, und wir Steirer sind ein merkwürdiges Volk. Wir haben Geschichten zu erzählen, bei uns ist viel passiert. Und in den Schluchten und Mooren und Almen und Straßenfluchten passiert auch heute noch sehr viel. Wer sich in dieses Buch begibt, unternimmt also eine Art Entdeckungsreise, und ich traue mich fast zu wetten, dass Ihnen die folgenden Seiten so manchen Überraschungseffekt liefern werden – mir ging es bei der Recherche nicht anders.

Robert Preis, Graz, Juni 2018

111 Orte

1 Die Trud

Mancherorts darf man sich keine Fehler erlauben

Es gibt allerhand Aberglauben im Steirerland, der sich sehr lange gehalten hat. Verschiedene Kreaturen und Schreckgespenster tauchen in den Geschichten immer wieder auf, variieren von Dorf zu Dorf, von Tal zu Tal nur um Nuancen. Eine davon ist die Trud, ein Dämon, der in der ganzen Steiermark und sogar darüber hinaus sein Unwesen treibt.

In Altenbach bei Oberhaag, einer Region in der Südweststeiermark nahe der Ortschaft Arnfels, berichtet man sich heute noch von folgender Begebenheit: Eine Bäuerin wachte eines Nachts auf und bekam kaum Luft. Als sie die Augen öffnete, erkannte sie die Trud im Zwielicht. Das Wesen hockte grinsend auf ihrer Brust und drückte immer fester und fester zu, als könne sie ihr Gewicht nach Belieben verändern. Doch dies war nicht das Ende der armen Frau, denn irgendwann hatte das Gespenst dann doch Erbarmen und verschwand, wie es gekommen war. Keuchend erhob sich die Bäuerin und wusste sogleich, was sie falsch gemacht hatte. Niemals stellt man in dieser Gegend seine Schlapfen so hin, dass deren Spitzen vom Bett weg zeigen. Auf diese Weise mag es zwar leichter sein, ins Schuhwerk zu schlüpfen, wenn man aus dem Bett steigt, aber auch der Trud wird dadurch angeboten, Unfug zu treiben, denn ihre Fußschaufeln zeigen nach hinten. Verdrehte Beine, hässliches Gesicht, zotteliges Haar, so gibt sie sich meistens zu erkennen. Nur eines hält sie davon ab, sich des Nachts auf dich zu setzen: Du musst die Schlapfen mit den Spitzen zum Bett hinstellen, damit das Wesen sie nicht anziehen kann. Nur dann schläfst du ruhig.

In Berggegenden geht man sogar so weit zu behaupten, manche Bäuerinnen seien wohl selbst die Trud, wenn sie am 28. Oktober ihre Kinder vernachlässigen. Dies ist der Unglückstag, der Namenstag von Simon und Judas. Es gibt im Volksmund auch ein Gedicht dazu: »Simon und Jud, backt die Bäurin keine Nudl.

So ist's eine Trud!«

Adresse Gemeinde Oberhaag, Oberhaag 200, 8455 Oberhaag, Tel. 03455/8028, gde@oberhaag.gv.at | Anfahrt mit dem Pkw über die A 9 (Ausfahrt Leibnitz) und die L 303 | Tipp Warum nicht einmal etwas anderes ausprobieren? Eselwandern durch die Weinberge – bei Familie Winkler ist das ein ganz besonderes Erlebnis (Altenbach 65, 8455 Oberhaag, Tel. 03455/2076533, www.eselwandern.at).

2 Die Rochusgrotte

Geheimnisvolle Wunderheilungen

Geheimnisse sind selten von der Straße aus sichtbar, so auch dieser sagenumwobene Ort. Knapp unterhalb des fast 1.000 Meter hohen Dietrichskogels bei Altenmarkt an der Enns befindet sich eine Grotte in einer Felsenhöhle. Die Quelle soll heilbringend sein, die dort errichtete Kapelle wurde einst dem »heiligen Rochus« geweiht, der zwar niemals von der Kirche heiliggesprochen wurde, dessen Gebeine dennoch in Venedig »zu Ehren der Altäre« bestattet wurden. Rochus, neben Sebastian der wichtigste Pestheilige der Steiermark, ist einer der 14 Nothelfer und wird deshalb besonders in Notzeiten von der Bevölkerung verehrt. Hier am Dietrichskogel soll er zu Lebzeiten (1295–1327) auf seinem Weg von Montpellier nach Rom vorbeigezogen sein und vom Wasser der Grotte getrunken haben. Vor allem Augen- und Brustleiden sollen an diesem Ort geheilt werden.

In der Grotte befindet sich neben zahlreichen Votivbildern auch eine Rochusstatue – von ihr wird erzählt, dass sie bislang drei Mal in Krippau am Fuße des Berges aufgestellt wurde, um den Pilgern den mühevollen Anstieg zur Grotte zu ersparen. Doch jedes Mal verschwand die Statue und tauchte in der Grotte wieder auf.

Eine seltsame Sitte unter Wallfahrern hat sich ebenso in all den Jahren ergeben: Viele von ihnen schleppen Steine bis hinauf zur Grotte, um so der Verzeihung ihrer Sünden sicherer zu sein. Außerdem befindet sich oberhalb des Grotteneinstiegs ein enges, durch den häufigen Gebrauch aber schon glatt poliertes Loch – wer hier nämlich dreimal durchkriecht, dessen Kreuzleiden soll gemildert werden (eine kleine Holzbühne bewahrt vor dem Absturz).

Etwas unterhalb der Grotte befindet sich neben der »Augenmauer« auch der »Tuttelbaum«, an dem angeblich im Jahr 1760 eine an Brustkrebs erkrankte Frau geheilt worden war. Ein Marterl erinnert an diese Begebenheit, jeden ersten Augustsonntag findet vor der Grotte eine Messe statt.

Adresse Altenmarkt 2, 8934 Altenmarkt, Tel. 03632/3060 | Anfahrt von der sogenannten »Kendl-Reith« an der B 115 zwischen Altenmarkt und Großreifling auf den blau markierten, recht steilen Steig zur Rochusgrotte – Gehzeit: rund eine Stunde; Alternativroute (1,5 Stunden) weniger steil von Eßling aus | Tipp Nicht nur Bleibe für den Kurzurlaub, sondern auch absolut sehenswert: das Naturhotel Schloss Kassegg (Hocherb 18, 8933 St. Gallen, Tel. 03632/20473, www.hotel-kassegg.com).

3 Die Butterhexe brennt

Wo der große Hexenwahn seinen Anfang nahm

Der 20. Mai 1580 markiert einen finsteren Tag in der Geschichte von Arnfels. An diesem Tag wurde Barbara Striglin, genannt »Die Butterhexe«, verbrannt. Diese Hinrichtung leitete das Wüten des Richters Jakob Bithner († 1620) ein. Bithner war ein aus Jena stammender Theologe, der in der Steiermark ab 1580 als sogenannter »Landprofose« eingesetzt wurde. Er war aber so besessen von seiner Macht, dass sein Vorgehen zu einer bespiellosen Verfolgungswelle führte. Und sein erstes Opfer war – Barbara Striglin.

Eine ganze Reihe von Anklagepunkten wurde gegen die Frau erhoben. Sie soll Gewitter herbeigezaubert und rund um Arnfels Hexentänze aufgeführt haben. In Tiere habe sie sich verwandelt und dem Teufel ein Kind gemacht. Und außerdem habe sie die Butter verhext und ungenießbar gemacht. So absurd diese Anschuldigungen aus heutiger Sicht auch klingen, sie dienten nur einem Zweck: Folter und Hinrichtung. Striglin legte zwar trotz aller Drohungen kein Geständnis ab, wurde aber zwei Wochen lang gequält, ehe man sie am 20. Mai auf dem Scheiterhaufen verbrannte.

Dass wir heute von ihr wissen, ist Bithner selbst zu verdanken, denn der dokumentierte all seine grausamen Taten penibel. In diesen Unterlagen, die heute im Steiermärkischen Landesarchiv einsichtig sind, nimmt er seinem ersten Opfer auch noch über den Tod hinaus die Würde. Er habe die »Butterhexe« in den Flammen nämlich noch lebend gesehen, behauptete er später. Sie habe versucht, in Gestalt eines Vogels und einer Kröte zu entkommen, doch die Bauern hätten die Tiere erschlagen. Wie gut, dass Bithner diese Hexe also aufgespürt habe.

Bithners Raserei markiert den Anfang, den Höhepunkt der Hexenverfolgung erreichte die Steiermark aber erst zwischen 1650 und 1699 – zu einer Zeit, in der in Europa die absurde Jagd schon zu Ende ging. Bis dahin hatte Arnfels bereits einen finsteren Ruf – als Beginn einer schauerlichen Serie.

Adresse Die Hexenverbrennungen in Arnfels fanden einst dort statt, wo sich heute die Landesberufsschule befindet: in der Hardegger Straße 160 in 8454 Arnfels. | Anfahrt über die A 9 (Ausfahrt Leibnitz) und die L 303 direkt in den Ort | Tipp In dieser Gegend führt kein Weg am Wein vorbei, gehen Sie deshalb gleich in den Weinkulturgarten und informieren Sie sich einmal grundlegend (Weinbau Lieleg-Kollerhof, Eichberg-Trautenburg 39, Tel. 03454/439, www.kollerhof.com).

4 Der Schinaglgraben

Eine Geschichte des Galgenwalds

In Birkfeld sind drei im Wald schimmernde Steinsäulen stumme Zeugen einer düsteren Zeit. Damals wie heute war die Hügelkuppe gerodet, sodass die Delinquenten freie Sicht auf die Kirche werfen konnten. Einen letzten, gottesfürchtigen Blick, ehe sich die Schlinge um den Hals zuzog.

Der Galgenwald in Birkfeld birgt bis heute so manche Geschichte, und eine handelt von den schrecklichen Folgen eines Fehlurteils: Zur Zeit des Dreißigjährigen Krieges war der Ort eine weithin bekannte Mautstelle. Eines Tages stolperte ein Landstreicher in den Ort und erregte den Unmut der Bevölkerung, denn zur selben Zeit verendete ein Stück Vieh und jemand wollte den Mann im Wald gesehen haben, wie er Beschwörungsformeln murmelnd im Kreis getanzt hatte.

Mehr brauchte es nicht. Der Vagabund wurde ins Schloss Birkenfeld gezerrt, verhört und sodann an ihm ein Exempel statuiert. Aus dem Bannbuch wurde ja nur einmal im Jahr vorgelesen, da konnte es nicht schaden, den Leuten in Erinnerung zu rufen, was es für Konsequenzen hatte, wenn man vom rechten Weg abkam. Der Landstreicher wurde zu den Galgen gezerrt, dort warf er der Kirche einen letzten Blick zu, ehe sein Genick brach und das Seil um den Hals die Zunge hervorquellen ließ. Doch während sein Grauen endete, begann jenes der Birkfelder erst.

Die Henkersprozession hatte den Ort noch nicht wieder erreicht, schon setzte ein gewaltiges Unwetter ein. Brüllend und tobend brausten die Stürme über den Ort hinweg, und Wassermassen schossen über den Berg. Ganze Hänge gerieten in Bewegung und rissen Scheunen und Häuser mit sich. Eine gewaltige Geröllawine – fortan Schinaglgraben genannt – teilte den Ort, und es war jahrhundertelang niemandem möglich, hier zu bauen. Erst vor einigen Jahrzehnten gelang es, im Schinaglgraben einen Parkplatz zu errichten. Und so erinnern nur noch die Galgen an die schauerliche, rohe Gewalt vergangener Zeiten.

Adresse Marktgemeinde Birkfeld, Hauptplatz 13, 8190 Birkfeld, Tel. 03174/4507 | **Anfahrt** B 72 von Graz direkt nach Birkfeld (rund eine Stunde Fahrzeit), oder Feistritztal-Radweg R8, Galgen an einem Waldweg unmittelbar nach der Ortsdurchfahrt Richtung Waisenegg | **Tipp** Das beschauliche Birkfelder Freibad (Badgasse 6, Tel. 03174/4456) ist in den Sommermonaten ein absolutes Muss für Erholungsuchende.

5 Die Eingeweide

Der zerteilte Leichnam des »Eisernen«

Die Stadtpfarrkirche von Bruck birgt einen unheimlichen »Schatz«. Als Herzog Ernst der Eiserne im Jahr 1424 starb, wurde sein Leichnam in der Stiftsbasilika von Rein beigesetzt, zuvor wurde er jedoch ausgeweidet, und seine Innereien wurden in der Stadtpfarrkirche bestattet. Dies bestätigt auch eine Inschrift, die heute noch auf einer Marmortafel rechts des Hochaltars zu sehen ist. Sie besagt: »Hier liegen die Eingeweide des Herzogs Ernst – gest. 1424«.

Herzog Ernst der Eiserne ist nicht irgendwer in der Geschichte steirischer Herrscher. Immerhin begründete er, der 1377 in Bruck Geborene, die steirische Linie der Habsburger. Er galt als wahrer Herkules, mit 1,74 Metern Größe war er ein Hüne, der seine Rüstung kaum ablegte. In zweiter Ehe heiratete er die ebenfalls für ihre Stärke, Größe und Schönheit berühmte polnische Prinzessin Cymburgis von Masowien (1394–1429).

Ernst herrschte über die Herzogtümer Steiermark, Kärnten und Krain, das spätere Innerösterreich. Er machte Bruck zwischenzeitlich zur Hauptstadt, war erfolgreich, gefürchtet und wurde verehrt. Als er – angeblich völlig unerwartet – aus dem Leben schied, herrschte ein regelrechtes G'riss um seinen Leichnam. Seine Gebeine wurden zwar im Stift Rein beigesetzt, weil er Bruck aber stets so zugetan war, schnitt man ihm Herz und Eingeweide heraus und bestattete diese in Bruck. Diese heute unappetitliche Praxis war damals durchaus üblich, sogenannte »Herzgrüfterl« waren gang und gäbe.

Spätere Untersuchungen an Ernsts Leichnam ergaben aber, dass er zu Lebzeiten nicht ganz so glücklich gewesen sein kann. Der Mann muss fürchterliche Schmerzen gelitten haben, denn durch das ständige Reiten waren Knie und Oberschenkel völlig deformiert, sodass er ohne Krücken kaum gehen konnte. Außerdem wurden mehrere Eiterherde im Kiefer nachgewiesen, eine einfache Infektion dürfte also zu seinem Tod geführt haben.

Adresse Dekanat Bruck/Mur, Kirchplatz 1, 8600 Bruck/Mur, Tel. 03862/51960 | **Anfahrt** über die S35 nach Bruck, über Leobner Straße (B116), Dr.-Theodor-Körner-Straße und Fraunedergasse ins Zentrum bis zum Kirchplatz und zur Stadtpfarrkirche, Eingeweide des Herzogs in der Wandnische rechts vom Altar | **Tipp** Hier ist das Schaurige Unterhaltung pur: in der Burg Oberkapfenberg (Schlossberg 1, 8605 Kapfenberg, Tel. 03862/27309, www.narrenfreiheit.at).

6 Die Geistermesse

Hüte dich vor Mitternacht!

Man sagt, die Votivtafel beim Hochaltar der St.-Ruprecht-Kirche sei von Zeit zu Zeit tränenfeucht. Wer dieses Phänomen beobachtet, der kann sich aber nie lange an dem »Wunder« erfreuen – ist dies doch ein Zeichen für das baldige Ende.

Die Legende berichtet von einem Vorfall, der sich rund um die alte Zehentbäuerin ereignet haben soll. Die gute Frau wurde eines Morgens vom Einläuten zur Messe geweckt. Sie war noch schlaftrunken, zog sich an und eilte hinaus. Dass es noch stockdunkel war, kam ihr zwar seltsam vor, aber auf keinen Fall wollte sie zu spät kommen. Sie schlich durch das Seitentor der Kirche auf ihren Platz in den vorderen Reihen. Dort kniete sie sich nieder und gab sich der Andacht hin. Als dann der Orgelklang ertönte, sah sie verwundert hoch, denn solchen Gesang hatte sie noch nie vernommen. Sie blickte sich um und stellte außerdem fest, dass die anderen Kirchgänger auffällig festlich gekleidet waren. Sie konnte kein bekanntes Gesicht erkennen – bis ihr der Schreck durch Mark und Bein fuhr. Dort, in einer der Reihen, saß ihre Schwester Agnes. Agnes, die vor vier Jahren gestorben war.

Die Zehentbäuerin wankte zitternd dem Ausgang entgegen. Der Gesang veränderte sich, wurde lauter, eindringlicher. Sie tastete zum Weihwasser, als plötzlich eine eiskalte Hand um ihr Handgelenk griff. Im Zwielicht bemerkte sie das Lächeln auf dem Gesicht ihres verstorbenen Mannes Jakob. Vor Entsetzen willenlos ließ sie sich von ihm zum Kirchentor führen, er tätschelte ihr die Hand, fast tröstend. Dann schlug die Kirchenglocke 1 Uhr nachts. Der Gesang verstummte, die Gestalten verschwanden, und zurück blieb nur ein seltsames Murmeln in der Luft.

Stunden später fand der Jungbauer die Mutter sterbend am Friedhof liegen. Und mit Schaudern erinnerte er sich daran, was sie ihm vor Kurzem erzählt hatte: Sie hatte die Tafel beim Hochaltar weinen gesehen.

Adresse Kirche St. Ruprecht, St.-Ruprecht-Straße 310, 8600 Bruck/Mur, Tel. 03862/51960 | **Anfahrt** mit dem Pkw über die S 35, rund 5 Minuten außerhalb von Bruck in Fahrtrichtung Leoben | **Tipp** 20 Gehminuten vom Stadtzentrum Bruck/Mur entfernt liegt das Weitental, ein Naturschutzzentrum mit Kneippkuranlage, Fitmeile, Haustierhof und Ridors Wald, einer Attraktion für die ganze Familie.

7 Das Burgfräulein

Die Geschichte eines Bildes

Die Burg Strechau ist eine der markantesten Burgen der Steiermark. Sie ist von der Autobahn A 9 weithin sichtbar. Viele Legenden ranken sich um die einstige »Hochburg« der Protestanten, richtig schauerlich ist aber die Geschichte rund um ein Gemälde, das heute im Benediktinerstift Admont hängt. Es zeigt ein Burgfräulein mit schickem Hut mit breiter Krempe und einer Feder – doch statt eines hübschen Gesichts starrt uns ein finsterer Totenschädel entgegen.

Es ist die Erzählung eines Dichters im 19. Jahrhundert, welche die Geschichte hinter einem Bildnis erklärt, das 200 Jahre davor entstand. Demnach habe im späten Mittelalter in Strechau ein Burgfräulein auf ihren Geliebten gewartet. Dieser war ins Heilige Land gezogen, um an einem der Kreuzzüge teilzunehmen. Bevor er abreiste, gelobte die junge Frau noch Treue. Mehr noch: Wenn der Geliebte wider aller Hoffnung und Gerechtigkeit nicht mehr zurückkommen sollte, dann würde sie in ein Kloster eintreten.

Die Monate vergingen, und bald waren es Jahre, und es wurde zur Gewissheit, dass ihr Geliebter auf den Schlachtfeldern des Orients gefallen war.

Jetzt könnte man fast sagen »Aus den Augen, aus dem Sinn«, denn das Burgfräulein erinnerte sich nicht mehr an den Schwur von einst, und anstatt ins Kloster zu gehen, versprach sie sich einem anderen Mann.

Als die Braut schließlich zum schillernden Hochzeitsfest erschien, stöhnten die Gäste entsetzt auf. Denn mit jedem Schritt, den sie mehr ans Licht vor dem Altar trat, wurde ihr Gesicht erhellt und zeigte eine grässliche Fratze. Das aufbrandende Geschrei war furchtbar, und später wollten sich einige auch daran erinnern, in dem allgemeinen Getümmel grauenhafte Gestalten ausgemacht zu haben. Diese hätten sich auf das Burgfräulein gestürzt, an ihm mit langen, krallenartigen Fingern gezerrt und es in ein Loch im Boden gezogen, direkt in die Hölle.

Adresse Burgfried 14, 8903 Lassing, Tel. 0650/2348461 | **Anfahrt** über die A 9, Ausfahrt 74 Rottenmann, dann der B 113 bis zum Burgfriedweg folgen | **Öffnungszeiten** frei zugänglich Di–So jeweils 10–16 Uhr | **Tipp** Auf dem Weg zur Burg befindet sich »Der Wilde Berg Mautern«. Dieser Wildpark bietet Spaß für die ganze Familie (www.abenteuerwelt-mautern.at).

8 Die räuberische Familie

Sie bastelten sich die Gewehre selbst

Rund um Ebersdorf in der Oststeiermark war niemand mehr sicher. Wir schreiben das Jahr 1910, es ist Herbst, Oktober, bitterkalt, und die Höfe der Umgebung werden von Diebstählen heimgesucht, denen selbst die Staatsanwaltschaft in Graz Respekt zollt. In einem Schreiben hieß es damals etwa, die Diebstähle zeugten »von nicht alltäglicher Kühnheit«. Denn immerhin kam es nicht nur zu einer Reihe von Viehdiebstählen, die Tiere wurden auch gleich an Ort und Stelle geschlachtet und ausgeweidet.

Am Beginn der Ermittlungen vermutete man noch skrupellose ungarische Grenzer, doch in Wahrheit handelte es sich um eine verbrecherische Familie, die ganz in der Nähe, in dem kleinen Ort Nörning, hauste – die Familie Käfer, Vater Matthäus, Mutter Theresia und Sohn Anton. Doch bis man so weit war, zog die Familie weiter durchs Land. So bauten sich die Männer etwa aus Fahrradrohren und Metall- und Holzstücken Gewehre und Pistolen, die zum Einsatz von sogenannten Scheintotpatronen reichten, die eine kleine Gasexplosion erzeugten.

Im Jahr 1912, wieder im Winter, montierten die Käfers eine schwenkbare Barrikade an einem Baum. Mit dieser Konstruktion lauerten sie dem Viehhändler Josef Gerngroß auf. Als er auf seinem Pferdefuhrwerk aus Neustift an der Lafnitz angefahren kam, schwenkten sie die Barrikade aus und feuerten die Schreckschüsse auf ihn ab. Das Pferd scheute und lief davon, doch der verletzte Gerngroß blieb im Feld liegen. Er händigte den Dieben die Brieftasche aus und taumelte nach Hause – allerdings hämisch grinsend, denn in der Brieftasche hatte sich nur ein Exemplar der »Tagespost« befunden. Und außerdem hatte er die Täter erkannt.

Die Familie hatte sich im Lauf der Jahre eine Menge Delikte zuschulden kommen lassen, wurde rasch überführt, alle drei wurden verurteilt. Der Vater zu zwölf Jahren schwerem Kerker, der Sohn bekam drei Jahre und die Mutter sieben Monate.

Adresse Gemeinde Ebersdorf, Ebersdorf 222, 8273 Ebersdorf, Tel. 03333/23410 | **Anfahrt** über Süd-Autobahn (A 2) bis Ausfahrt 127 Bad Waltersdorf, dann der L 401 über Ebersdorf, Nörning Straße bis zum Ort Nörning folgen | **Tipp** Die besonders auffällige Architektur der Engelskapelle in Hartl ist einen Abstecher wert (8224 Hartl, Tel. 0664/1136862, www.hartl.eu).

9 Die große Wolfshatz

Eine Jagd als touristisches Großereignis

Gerissenes Vieh. Das Heulen in der Nacht. Seit Jahren verbreiteten Wölfe im Koralmgebiet Angst und Schrecken. Die Hysterie steigerte sich, als das »Grazer Tagblatt« am 1. August 1913 dazu aufrief, »die bäuerliche Bevölkerung von diesen Räubern zu befreien« – der Beginn einer beispiellosen Hetzjagd. Schnell machte der Aufruf die Runde, und bald strömten aus ganz Österreich Jäger, Treiber und Hundeführer ins Land und zogen durch die Wälder rund um Stub- und Koralpe. Die Gasthöfe in Edelschrott und Köflach waren ausgebucht, vor allem auch deshalb, weil sich mit den Jägern Schaulustige einfanden. Die Wolfsjagd wurde zum touristischen Großereignis.

Die Hysterie war so überzogen, dass sogar 40 verschiedene Postkarten gedruckt wurden, die ironisch vor einem Löwen warnten. Auch ein Bauernschreck-Likör wurde vertrieben und in Wien das »Gasthaus zum Bauernschreck« eröffnet.

Kurz vor Beginn des Ersten Weltkrieges 1914 rüstete sich die Weststeiermark gewissermaßen zum Krieg gegen den Wolf. Als dann der Jäger der Grafschaft Henckel Donnersmarck, Paul Steinbauer, am 5. März 1914 den Wolf mit einer Gewehrkugel traf, wurde dieser nur verletzt. Den tödlichen Fangschuss setzte am nächsten Tag der Fabrikdirektor Max Diamant, gefeiert wurde aber Steinbauer, der sich später sogar in einem Inserat eines Waffenkatalogs beim Hersteller der Büchse für die gute Schusswaffe bedankte. Der Kadaver des Wolfs wurde auf der Grazer Messe zur Schau gestellt und befindet sich heute im Museum im Lavanthaus in Wolfsberg (Kärnten).

Sechs Jahre später erreichte die Hysterie einen neuerlichen Höhepunkt, diesmal im Mürztal. Ganz im Bann eines seit zwei Jahren in der Gegend umherziehenden Schreckgespenstes von mehr als 50 Kilogramm, formierte sich am 23. April 1921 im Burgerwald bei Kindberg eine 40-köpfige Treibjagd-Gesellschaft, angeführt von Förster Max Steinbacher. Kurz darauf wurde das Tier erlegt.

Adresse Marktgemeinde Edelschrott, Packer Straße 17, 8583 Edelschrott, Tel. 03145/802 | **Anfahrt** Süd-Autobahn (A2) bis Ausfahrt 200 Mooskirchen, von der Packer Straße B70 direkt nach Edelschrott | **Tipp** Die Hirzmann-Sperre ist ein romantischer Stausee mit der »Ströhbernen Brücke«, einer unter Denkmalschutz stehenden, strohgedeckten Brücke (Hirzmann Stausee, Packer Straße 17, Tel. 03145/802, www.edelschrott.at).

10 Die wilde Hitz

Von der Pest und anderen Sorgen

Es begann mit hohem Fieber und großem Durst. Waren diese Anzeichen einmal gegeben, konnte einen fast niemand mehr retten, denn schon bald zeigten sich schwarze Flecken auf der Haut, die rasch zu eiternden Beulen anwuchsen. Man nannte diese Seuche die wilde Hitz, mit anderen Worten: die Pest ging um. So auch im Jahr 1624 in Ehrenhausen.

Zwar machte der Dreißigjährige Krieg in diesem Jahr eine Atempause, dafür spielte das Wetter verrückt. Der Winter in der Steiermark war nicht gerade streng, hielt sich aber hartnäckig. Im Frühling wurde es rasch heiß, Hitze und Dürre dauerten drei Monate, bis Dauerregen den Herbst erfüllte. Diese Witterungsverhältnisse boten ideale Voraussetzungen für infektiöse Krankheiten. Die Pest grassierte in beiden Varianten, der zuvor geschilderten Beulenpest, bei der es nur geringe Überlebenschancen gab, und der Lungenpest, die Todesurteil war. Am übelsten traf es 1624 den südsteirischen Ort Ehrenhausen.

Als die ersten Anzeichen der Seuche auftraten, schickte die Regierung einen Pestarzt in den Ort – den Infektionsmedikus Dr. Bottoni aus Triest. Doch dieser Arzt war zwar wegen seiner ärztlichen Kunst weithin berühmt, er galt allerdings auch als überaus skrupellos. Und diesem Ruf wurde er bald gerecht. Bottoni verlangte unverschämt hohe Geldbeträge als Honorar, die Gemeinde klagte bald über Geldsorgen, und die Untertanen wurden zu einer Sonderabgabe aufgefordert. Zuletzt kam es zu einem Prozess, da sich Ehrenhausen weigerte, für Bottonis Unterbringung im Haus des Bürgermeisters, Christoph Zueberlein, zu zahlen. Die Marktgemeinde verlor zwar; trotzdem ließ sie sich erst 1629 zur Zahlung zwingen.

Heute sind Pestsäulen in vielen Orten des Landes stumme Zeugen jener finsteren Tage. Allein im 14. Jahrhundert sind weltweit 50 Millionen Menschen an der Pest gestorben. Bis in die Neuzeit gab es immer wieder Epidemien in der Steiermark.

Adresse Marktgemeinde Ehrenhausen, Marktplatz 2, 8461 Ehrenhausen an der Weinstraße, Tel. 03453/2507 | **ÖPNV** S-Bahn nach Ehrenhausen im Stunden-Intervall | **Anfahrt** mit dem Pkw über die A 9, Ausfahrt 222 Vogau-Straße, dann Platscherstraße (B 69) | **Tipp** Der Motorikpark Gamlitz ist längst ein beliebtes Ausflugsziel geworden (Untere Hauptstraße, 8462 Gamlitz, Tel. 03453/2667, www.gamlitz.at).

11 Das Massaker vom Präbichl

Tragödie aus dunklen Zeiten

Die meisten von ihnen stolperten barfüßig und völlig entkräftet durch den Schnee, als die ersten Schüsse fielen. Dutzende brachen unter den Maschinenpistolensalven zusammen, fassten sich verzweifelt an die offenen Wunden oder sanken einfach tödlich getroffen in den Schnee. Der Todesmarsch der Juden, wie der Tross jener jüdischen Zwangsarbeiter genannt wird, die im Winter der Jahre 1944/1945 an der Errichtung des »Südostwalls« gearbeitet hatten, befand sich auf dem Weg ins KZ Mauthausen. Kurz vor der Ortschaft Hieflau wurden mehr als 200 ausgehungerte Gefangene von einer Gruppe Wächter wahllos niedergeschossen. Später kam es auch zu gezielten Kopfschüssen, einige wurden erschlagen. Die Leichen karrten die Unmenschen danach auf Lastwägen und verscharrten oder verbrannten sie in der Eisenerzer Seckau.

Doch dieser Massenmord blieb nicht ungesühnt. Ein britisches Militärgericht verurteilte im April 1946 Emmerich Schnabl, Ludwig Krenn, Franz Taucher, Otto Christandl, Anton Eberl, Fritz Wolf, Ludwig Wurm, Rudolf Mitterböck, Anton Hirner und Ernst Feistl zum Tod durch Erschießen, in einem zweiten Mordprozess in Graz Herbert Neumann im Oktober 1946 zum Tod durch Erhängen.

Das ganze Ausmaß der Barbarei während dieses Todesmarsches wurde erst Jahre später aufgedeckt. In nicht weniger als 150 österreichischen Gemeinden entlang der Marschroute kam es zu ähnlichen Gräueltaten.

1948 errichteten jüdische Flüchtlinge aus Osteuropa ein Denkmal am Leopoldsteinersee. In den 70er Jahren wollte der Eisenerzer Bürgermeister dieses Mahnmal jedoch wieder entfernen lassen, da es dem Fremdenverkehr abträglich sei. Erst die gegenwärtige Generation schaffte den Wendepunkt: Der Eisenerzer Gemeinderat beschloss im Jahr 2004 die Errichtung eines Mahnmals auf der Passhöhe des Präbichls direkt an der Eisenstraße. Es wurde von Schülern der Region entworfen und ist heute unübersehbar.

Adresse »Todesmarschmahnmal« an der Eisenstraße: Passhöhe Präbichl, 8790 Eisenerz | **Anfahrt** A 9 bis Ausfahrt 129 Traboch, danach Richtung Traboch auf der B 115 / Eisenstraße bis zur Passhöhe Präbichl fahren | **Tipp** Die Pfarrkirche St. Oswald in Eisenerz ist die bedeutendste Wehrkirchenanlage der Steiermark und absolut sehenswert – Führungen auf Anfrage (Pfarramt Eisenerz: Lindmoserstraße 2, Tel. 03848/2267, www.kirchenburg.at).

12 Der Tod der Maria Maurer

Ein Schicksal im Feldbacher Hexenprozess

Die Stadt Feldbach erlangte 1673 bis 1675 traurige Berühmtheit. Damals fand der größte Hexenprozess der Steiermark statt, eine Ansammlung von Grausamkeiten, die heute nicht mehr nachvollziehbar ist. Eine Betroffene war die Tochter des wohlhabenden Landwirts Jakob Kropf († 1674) – Maria Maurer (1654 – 1675) aus Riegersburg.

Angefangen hat alles mit mehreren Hagelschlägen im Juni und Juli 1673. Im September gestand die Bettlerin Katharina Lorenzerin, sie habe eine »zauberische Gesellschaft« gesehen, und löste damit eine unbeschreibliche Hetzjagd aus. Es dauerte nicht lange, da fielen im Landgericht Feldbach die ersten Namen. Die Angst vor der Folter war enorm, Menschen wurden dabei gestreckt, gequält und misshandelt. Neid wegen seines Reichtums brachte Marias Vater Jakob rasch ins Visier der »Ermittler«. Unter der »hochnotpeinlichen Befragung« gaben er und sein Sohn Hans (1646 – 1674) schließlich alles zu, was man ihm in den Mund legte. Er wurde gehängt, der Sohn geköpft.

Damals war Maria 20 Jahre alt, eine bildhübsche Frau, die gerade geheiratet und ein Kind zur Welt gebracht hatte. Etliche ihrer Geschwister waren ebenfalls verhört und hingerichtet worden, Marias Mutter siechte im Gefängnis vor sich hin. Und dann traf eine Anschuldigung auch sie selbst, Maria. Im Tabor von Feldbach wurde sie zu den anderen in die »Keichn« geworfen. Teilweise waren die Inhaftierten schwerstverletzt, schrien unter Schmerzen, litten Hunger und Kälte, der Gestank war fürchterlich. Da Maria aus Angst vor der Qual zugab, vom Teufel berührt worden zu sein, suchten die Beamten mit einer Nadel nach einem Teufelsmal. Daraufhin gestand sie weitere Taten, wurde noch zweimal gefoltert und denunzierte 24 Menschen. Am 23. September 1675 schlug man ihr den Kopf ab.

Insgesamt wurde 100 Personen der Prozess gemacht, 40 starben an den Folgen ihrer schweren Verletzungen oder wurden hingerichtet.

Adresse Heimatmuseum im Tabor, Taborplatz 1, 8320 Feldbach, Tel. 0664/6412327 | **Anfahrt** über Süd-Autobahn (A 2) bis Ausfahrt 157 Gleisdorf, B 68 in Richtung Gleisdorf-Süd, Feldbacher Straße / B 68, Grazer Straße und Bismarckstraße nach Feldbach, Museum direkt am Hauptplatz | **Öffnungszeiten** Di–Sa 10–17 Uhr, So und feiertags geschlossen | **Tipp** Auf Schloss Kornfeld (Dörfl 2, 8330 Kornberg bei Riegersburg), fünf Fahrminuten von Feldbach in Richtung Riegersburg entfernt, eröffnete 2018 die großartige Dauerausstellung »Die kleine Welt der großen Schlösser«.

13 Das Lager Thalerhof

Bilanz einer unmenschlichen Monarchie

Lange vor dem Ersten Weltkrieg führte die Habsburgermonarchie einen Krieg im Inneren. Eine Spionagehysterie war ausgebrochen, es wurden Listen geführt, in denen »politisch Unzuverlässige« verzeichnet waren, Russophile und Monarchiefeinde. Und als der Krieg ausbrach, setzte der Staat auch die Hebel an dieser »Front« in Bewegung. Es wurde misshandelt und liquidiert, man sperrte die Deportierten in Lager. Eines davon war das Zivilinternierungslager Thalerhof im Süden von Graz.

Hier trafen am 4. September 1914 die ersten »Russophilen«-Transporte ein. Kinder, Frauen und Männer aus Ostgalizien, die man in Viehwaggons durchs Reich gekarrt hatte. Doch am Thalerhof war nichts für sie vorbereitet, so übernachteten sie bei Regen unter freiem Himmel. Erst fünf Tage später bot ein Zelt wenigstens 2.100 Personen Platz. Dieses wurde bald zu klein, da auch Tausende Kriegsflüchtlinge aus Polen eintrafen. Und so kam es, wie es kommen musste: Im November brach Bauch- und Flecktyphus aus.

Mittlerweile hatten sich die Geschundenen zwar selbst 30 Holzbaracken bauen dürfen, die mit Stroh ausgelegt waren, doch im Lager drängten sich bereits 12.000 Menschen, 1.000 davon erlagen der ersten Krankheitswelle. Es folgten Cholera-Epidemien, Ruhr und Rotlauf. Als auch noch das Essen knapp wurde, raffte die Hungersnot die Älteren und Schwächeren dahin. Erst als Kaiser Franz Joseph (1830–1916) starb, ordnete sein Nachfolger, Karl I. (1887–1922), Untersuchungen an. Am 3. Mai 1917 wurde das Lager geschlossen.

Die »Bilanz« der Unmenschlichkeit: Zwischen 1914 und 1917 starben im Thalerhof 1.767 internierte Ruthenen – Bürger der k.u.k. Monarchie also. In einem Karner nahe dem heutigen Feldkirchner Friedhof liegen ihre sterblichen Überreste. In der Ukraine ist das Lager Thalerhof bis heute unvergessen – als KZ und Todeslager. Seit 2010 erinnert am Flughafen Graz eine Gedenktafel an die Gräueltaten.

Adresse Friedhof Feldkirchen bei Graz, Feldkirchner Straße 225, 8073 Feldkirchen bei Graz, Tel. 0316/291060 (Pfarramt) | ÖPNV S 5 bis Haltestelle Feldkirchen-Seiersberg Bahnhof | Anfahrt über Puch- und Rudersdorferstraße nach Feldkirchen | Tipp Der Flughafen Graz befindet sich im Gemeindegebiet von Feldkirchen bei Graz rund zehn Kilometer südlich der Landeshauptstadt. Er ist per S-Bahn (Station: Feldkirchen-Bahnhof) und mit dem Auto (B 67) bequem zu erreichen.

14 Der Türkenschrecker

Ein tapferer Bauernsohn rettete Fernitz

Sultan Suleiman II. der Prächtige (1494–1566) hat sich das alles bestimmt ganz anders vorgestellt. Die Belagerung von Wien musste er aufgeben, jetzt zieht sich der Tross seines 200.000 Mann starken Heeres meilenweit dahin. Wir schreiben das Jahr 1532, als die türkische Streitmacht bei dichtem Nebel an Graz vorüberzieht. Die befestigte Stadt ist nicht ihr Ziel, immer wieder plündern und brandschatzen aber die berüchtigten »Renner und Brenner« kleinere Gehöfte und Ortschaften in der Umgebung. Während die Hauptstreitmacht in den Abendstunden des 11. September an Graz vorbei bis Wildon und Leibnitz zieht, versuchen kleinere Einheiten in die Grazer Murvorstadt einzufallen. Tatsächlich aber sehen sie die Stadt im dichten Nebel gar nie richtig. Deshalb entsendet der Reichsgraf von Katzenstein, Hans Katzianer (1491–1539), des Nachts 2.000 Husaren und Panduren sowie die deutsche Reiterei der Ritter von Auersberg und Reichenburg nach Fernitz, wo sie sich in den Wäldern einen Hinterhalt suchen. Er selbst verfolgt die Türken mit 6.000 Mann und lockt sie in die Falle.

Die Türken unter Ibrahim Pascha wollen ausbrechen, setzen schon auf Fernitz zu, doch dort hat sich der Bauernbub Ferdl Grubner in einem Turm am Ortsrand verschanzt. Er schießt sämtliche Böller ab, die er im Messnerhaus gefunden hatte, ein Spektakel, das die Türken glauben lässt, sie stünden unter schwerem Beschuss. Daraufhin reiten sie panisch auf die Mur zu, wo sie erst recht in der Falle sitzen.

In dem Getümmel wurden Feldkirchen und Premstätten verwüstet, viele Zivilisten starben, doch auch 8.000 türkische Soldaten sollen gefallen sein. Der Sieg wurde in Graz bejubelt, das Haupt Ibrahim Paschas auf einer Pike präsentiert und Katzianer zum Ritter geschlagen.

In Wahrheit hat die Schlacht von Fernitz niemals stattgefunden. Sie ist eine Erfindung von Historiografen des 19. Jahrhunderts.

Adresse Gemeindeamt, Grazerstraße 1, 8072 Fernitz-Mellach, Tel. 03135/523620 | **Anfahrt** schnellster Weg über Südgürtel, B 73 und Grazerstraße, Kirche im Ortszentrum | **Tipp** Ausspannen können Sie im wildromantischen Tierpark Aumühle (Johannes-Kepler-Straße 42, 8072 Fernitz, Tel. 03135/53234).

15 Der Spezialeinsatz

Waren die Russen auf der Jagd nach einer Krone?

Die Ereignisse rund um die Erstürmung von Fischbach (13. bis 18. April 1945) sind bis heute ein Mysterium. Angeblich sollen die Russen den Ort deshalb mit solcher Vehemenz überrannt haben, weil sie auf der Jagd nach einem ungarischen Staatssymbol waren – der Stephanskrone.

Der Birkfelder Historiker Wolfgang Struschka hat sowohl Kontakt mit Soldaten der Wehrmacht als auch mit russischen Armeeangehörigen aufgenommen. Seitdem ist er überzeugt, »dass die Russen den ungarischen Pfeilkreuzler Ferenc Szalasi (1897–1946), der mit dem ungarischen Kronschatz auf der Flucht war, in dieser Gegend gesucht hatten. Der Angriff erfolgte nämlich auf Stalins Befehl persönlich und wurde von einer russischen Spezialeinheit begleitet.«

Die Gerüchte nährt auch die Erinnerung des Historikers Yuri Eltekov von der Universität Moskau, der damals selbst vor Ort kämpfte. Er berichtet vom Vorstoß des V. Garde-Kavallerie-Korps und meint ebenfalls, dass es um die ungarische Krone gegangen sei. Manfried Rauchensteiner, der ehemalige Direktor des Heeresgeschichtlichen Museums in Wien, bezweifelt das Gerücht jedoch: Es könne zwar »gar kein Zweifel sein, dass mit der Nennung von Fischbach etwas absolut Ungewöhnliches in die Befehle einfloss. Doch die Erklärung von Eltekov geht sicher an den Realitäten vorbei.« Szalasi habe die Krone noch vor dem 30. März in Mattsee (Salzburg) vergraben lassen. Rauchensteiner merkt zudem an, dass nicht das V. Garde-Kavallerie-Korps an der Spitze des Einmarsches in Fischbach stand, sondern ein NKWD-Regiment, also Truppen des Innenministeriums, die in den Aufzeichnungen der sowjetischen 26. Armee nirgendwo erscheinen. Diese Spezialtruppen haben etwas anderes gesucht als die Krone, »vielleicht finden wir irgendwann einmal eine Erklärung dafür«, hofft auch er.

Die Stephanskrone gelangte nach dem Krieg in die USA und befindet sich seit 1978 wieder in Budapest.

Adresse Verein für Ortsentwicklung »Sagenhaft Fischbach«, Fischbach 11a, 8654 Fischbach, Tel. 03170/20614 | **Anfahrt** B 72 von Graz nach Birkfeld, von dort über Waisenegg und die L 114 bis Fischbach | **Tipp** Für Musikalische: In Ratten empfiehlt sich das BlasmusikMUSEUM (Kirchenviertel 104, 8673 Ratten, Tel. 0664/8645568, www.blasmusikmuseum.at).

16 Der Teufelstein

Einer der ältesten Kultplätze der Steiermark

Der Teufelstein (1.498 Meter) ist einer der faszinierendsten Orte im Land, denn ganz oben beim Gipfelkreuz befinden sich drei gewaltige Felsklötze mit einer Höhe von insgesamt sechs Metern. Doch diese bilden nicht nur die Spitze einer Bergkuppe – gemeinsam mit dem Königskogel und vier Kirchen ergibt sich ein geometrisches Muster von pythagoreischen Dreiecken. Zufall?

Wohl kaum. Experten gehen heute davon aus, dass es sich beim Teufelstein um einen der ältesten Kultplätze der Steiermark handelt, der im Mittelalter von der Kirche dämonisiert wurde, weil die Menschen hier heidnische Riten vollzogen. Auch heute noch strömen zur Zeit der Wintersonnenwende (21. Dezember) Hundertschaften auf den Gipfel, und am 11. August 1999 beobachteten viele das Phänomen, dass er genau in der Zentrallinie der totalen Sonnenfinsternis lag – er gilt somit als archäoastronomisches Denkmal der Steiermark.

Der Legende nach soll Folgendes geschehen sein: Luzifer wollte zurück in den Himmel, woraufhin ihm Gottvater eine Aufgabe stellte. Wenn er imstande war, einen Turm von der Erde bis zum Himmel zu bauen, sollten ihm die Himmelspforten offenstehen. Er musste es nur in der Christnacht schaffen, während der heiligen Wandlung. Luzifer eilte auf die Hohe Veitsch, riss einen gewaltigen Felsbrocken heraus und stellte ihn auf den Gipfel. Beim dritten Felsenbrocken aber riss sein Korb, die Brocken verteilten sich, und schon läuteten die Glocken, und die Zeit war um. Voller Zorn fuhr Luzifer wieder hinab in die Hölle – die Steine aber liegen noch heute an Ort und Stelle, weswegen der ganze Berg »Teufelstein« genannt wird.

Auch im Grazer Becken sind solche Felsgebilde nicht selten. Es handelt sich dabei um ein geologisches Phänomen, denn bei der Verwitterung bleiben härtere Gesteine länger bestehen als ihre Umgebung und stehen deshalb manchmal geradezu spektakulär frei.

Adresse Verein für Ortsentwicklung »Sagenhaft Fischbach«, Fischbach 11a, 8654 Fischbach, Tel. 03170/20614 | Anfahrt am besten übers Mürztal und die S 6, Ausfahrt Kindberg, Parkplatz Zeller Kreuz Richtung Fischbach auf der Anhöhe, von dort etwa 45 teils recht steil zu marschierende Minuten auf den Gipfel | Tipp Die Minigolfanlage feierte 2018 ihr 50-jähriges Bestehen – schaut aber aus wie neu. Direkt daneben befinden sich ein Spielplatz, der Naturbadeteich und ein Kaffeehaus (Infos unter Tel. 0650/9980802).

17 Der makabre Fund

Sie lebten jahrzehntelang auf einem Massengrab

Auf Baustellen kann immer wieder einmal etwas Seltsames passieren. Ziemlich unheimlich wird es aber, wenn Bauarbeiter bei der Sanierung eines Hauses auf blanke Skelette stoßen. Im Jahr 2006 passierte genau das im beschaulichen Ort Fladnitz an der Teichalm im Bezirk Weiz.

Die Bauarbeiter entfernten bei der Restaurierung eines alten Gebäudes auch den Holzfußboden, gruben das Erdreich darunter rund einen halben Meter tief auf und stießen plötzlich auf menschliche Knochen. Mehr noch: auf ein komplettes Skelett. In den Tagen darauf fand man auch die Überreste zweier weiterer Leichen – man geht heute davon aus, dass es sich um die Leichname einer Familie handelt – Vater, Mutter, Kind. Eine logische Erklärung liefert wohl der Standort des nicht unterkellerten Hauses. Es stammt aus dem 18. Jahrhundert und wurde direkt neben einem Friedhof gebaut. Makabres Detail am Rande: Ein Stück der Hausmauer verlief sogar direkt über dem Fuß eines Leichnams.

Die Staatsanwaltschaft Graz bestätigt heute, viele Jahre nach dem Skelettfund, dass die Skelette aus dem bereits im Jahr 1880 aufgelassenen Friedhof stammen. Spuren von Särgen fand man zwar nicht, dafür aber eine Schicht Kalk über den Gebeinen. Die Polizei der nahe gelegenen Ortschaft Passail vermutet nun, dass es sich ursprünglich um ein Seuchengrab gehandelt haben muss – bis ins 17. Jahrhundert kam es ja immer wieder zu Pestepidemien in der Steiermark.

Ein Gewaltverbrechen konnte jedenfalls nicht nachgewiesen werden. Der Hausbesitzer schildert, dass dies das Haus seiner Großeltern gewesen war, das Geburtshaus seines Vaters, und dass er selbst so manchen Sommer hier verbracht habe – sozusagen über den Leichen unter dem Esstisch. Nun will er das Haus verkaufen. Es sei ein absolut bedenkenloser Ort, denn all die Jahre habe niemand etwas gemerkt oder gespürt. Und nun seien die Skelette ja ohnehin weg.

Adresse Tourismusverband Naturpark Almenland, Fladnitz 100, 8163 Fladnitz/Teichalm, Tel. 03179/230000 | **Anfahrt** B 64 bis Schrems/Frohnleiten, im Ort Richtung Fladnitz abzweigen | **Tipp** Die Almenland-Imkerei Kreiner in Passail (www.mimker.at) sollte man sich nicht entgehen lassen. Geöffnet ist Mittwoch bis Freitag von 9 bis 12 und von 15 bis 18 Uhr und immer wenn jemand zu Hause ist.

18 Die Serienmörder im Idyll

Sie verbreiteten Angst und Schrecken

Kaum vorstellbar, dass im beschaulichen Raabtal einst die schlimmste Verbrecherbande der Zweiten Republik Angst und Schrecken verbreitete.

Die Serie beginnt 1949 mit ersten Brandstiftungen in Studenzen und Kaag und setzte sich am 1. Oktober im selben Jahr mit der ersten Gewalttat fort: Ein 37-jähriger Vater dreier Kinder wird mit einer Hacke erschlagen und beraubt. Zu dieser Zeit wird in der Nähe ein 30-Jähriger mit einer Hacke attackiert. Er stirbt Tage später im Krankenhaus. Die Gegend ist unsicher, einige Opfer können entkommen, wie etwa der Mitterfladnitzer Bürgermeister Franz Kein und der Sekretär Josef Teuschler. Doch Traktorfahrer Jakob Hirth wird in Fladnitz mit einem Beil so brutal verletzt, dass er zeitlebens verkrüppelt bleibt, Josef Pfeifer (19) mit einem Beil erschlagen. Man sagt: Die Fladnitzer Mörder gehen um.

Die Gendarmerie arbeitet fieberhaft, kommt schließlich auf den 19-jährigen Knecht Johann Kienreich. Dieser gesteht die Morde und beklagt, dass seine Freundinnen stets Geld forderten. Nach und nach werden immer mehr Leute verhört, überführt und eingesperrt. Der Prozess im Grazer Schwurgerichtssaal, der am 18. Juni 1951 beginnt und zwölf Tage dauert, ist der bis dahin größte seiner Art. Es werden vier Haftstrafen verhängt.

Doch in Fladnitz ist man überzeugt: Der Kopf der Bande ist immer noch auf freiem Fuß. Wieder wird ermittelt. Einer der Angeklagten, Franz Thiel, wird nach fünf Jahren Haft entlassen, weil er zu Unrecht beschuldigt worden war. Der zu »lebenslang« verurteilte Karl Seidnitzer wird beim Lokalaugenschein in Fladnitz beinahe gelyncht. Er erhängt sich später in der Zelle. Auch sein Schwager Franz Ziehenberger, den man schlussendlich für den Bandenchef hält, schlitzt sich in der Zelle die Kehle auf. Ein weiterer Verdächtiger wird entlassen, nur Kienreich sitzt seine Haft ab und lebt bis in die 80er Jahre in Niederösterreich.

Adresse Kirchberg 212, 8324 Kirchberg an der Raab, Tel. 03115/2312 | **Anfahrt** Süd-Autobahn (A 2) bis Ausfahrt 157 Gleisdorf-Süd, von dort auf der B 68 bis Fladnitz im Raabtal | **Tipp** Das Dorfmuseum Fladnitz (8322 Fladnitz im Raabtal 185, Tel. 03115/4371) lohnt einen Besuch.

19 Die weiße Frau

So spukt es im Schloss

Einst stand auf diesem Flecken nahe St. Georgen an der Stiefing eine Burg, die plötzlich in sich zusammengefallen war wie ein Kartenhaus. Heute befindet sich hier das Schloss Frauheim. Und in diesem soll eine weiße Frau geistern. Vorzugsweise bei Nacht, so wie es sich für Geister gehört.

Folgendes wird erzählt: Einst saß eine Runde um den Spieltisch im Kabinett des Schlosses, als plötzlich die Flügeltür aufsprang und eine Frau in weißem Gewand eintrat. Sie kniete sich auf den Betstuhl, verweilte dort kurz, ehe sie den Schrank öffnete, so tat, als würde sie etwas hineinlegen, und wieder verschwand. Die Erscheinung hatte den Gästen einen gehörigen Schrecken eingejagt, für die Schlossbewohner war sie jedoch keine Seltenheit, denn diese harmlose Frauengestalt erschien immer wieder einmal.

In dieser Zeit gab es auch einen Bauern, der seine Schulden nicht mehr bezahlen konnte. Diese Last wurde ihm zu groß, so ging er eines Tages in den Schindelgraben mitten im Wald. An einer finsteren Stelle hegte er ebenso finstere Gedanken, als plötzlich die weiße Frau vor ihm stand. Sie habe in der alten Burg Frauheim gewohnt und habe immer noch Zugriff auf unendlichen Reichtum. Und tatsächlich: In einem alten Gemäuer im Wald tauchte nun ein Tor auf, das sie aufsperrte. In den Gängen dahinter schimmerte es vor Gold. Der Bauer nahm davon, was er tragen konnte, und dann übergab ihm die Frau auch noch den Schlüssel. Solange er niemandem etwas davon erzähle, könne er sich nehmen, so viel er wolle.

Des Bauers Glück war grenzenlos. Seine Wirtschaft florierte, doch eines Tages musste er in Frauheim vorsprechen und alles gestehen. Die ganze Geschichte. Sogleich folgte ihm eine Schar in den Wald, doch vom Tor war nichts mehr zu sehen. Der Schlüssel dazu soll heute noch im Schloss aufbewahrt werden. Und die Bauern berichten, dass es seither nicht nur im Schloss, sondern auch im Wald spukt.

Adresse Schloss Frauheim, Edelsee 9, 8413 Ragnitz | Anfahrt A 9 bis Ausfahrt 214 Leibnitz, danach der Kirchbacher Straße / B 73 bis Edelsee folgen | Tipp In der Nähe befindet sich der malerische Ort Glojach mit der berühmten Glojacher Kapelle.

20 Die finstere Vergangenheit

Noch heute erinnern Relikte an dunkle Zeiten

Es ist kaum vorstellbar, wie sehr diese Stadt gelitten hat. Die Pfeilburg strahlt heute in frischem Glanz und ist, als Museum herausgeputzt, weithin bekannt; Ungar-, Mühl-, Schloss- und Klosterbastei sind Ziele von Touristenführungen. Doch Fürstenfeld hat vor allem im Mittelalter so sehr gelitten, dass jeder Stein von anno dazumal ganze Bücher mit Schauergeschichten füllen könnte. Denn diese Stadt war seit jeher heiß umkämpftes Bollwerk.

1418 von den Ungarn verwüstet, 1469 durch die »Schlacht von Fürstenfeld« während der Baumkirchner Fehde in Schutt und Asche gelegt und 1480 von Ungarn-König Matthias Corvinus (1443–1490) gestürmt und jahrelang besetzt. Auch nach dem Ausbau der Wehranlage durch Domenico dell'Allio († 1563) ging es weiter: Hajduken fielen 1605 ein, Kuruzzen 1704 und Napoleon Bonapartes (1769–1821) Franzosen 1809.

Im 16. Jahrhundert kam es in Fürstenfeld auch zu einem grausamen Exempel, das Johann Josef von Herberstein (1633–1689), der Grundherr der Herrschaft Fürstenfeld, statuierte. Weil die Bauern seit Jahren widerspenstig waren und sich gegen Robotforderungen zur Wehr setzten, ließ er am 6. Juni 1678 einige Rädelsführer vorführen, von denen uns heute nur Martin Schuster (»der vornehmste unter ihnen«) bekannt ist. Herberstein ließ den Bauern die Nase abschneiden und sie am Pranger zur Schau stellen, ehe er sie des Landes verwies. Diese furchtbare Strafe wirkte, denn der Bauernaufstand von Fürstenfeld endete abrupt. In den Folgejahren wurden außerdem immer weniger Robotleistungen verlangt, weshalb sich der Unmut mit der Zeit legte.

Dazu kommen noch jede Menge Geschichten von der Pest, von Angst und Schrecken verbreitenden Türken und den Tagen des Zweiten Weltkrieges. Ja, die Grenzbastion Fürstenfeld hat dem Besucher allerhand Schauriges mitzuteilen und ist heute ein absolut sehenswertes Ausflugsziel – nicht nur für Leser dieses Buches.

Adresse Tourismusverband Fürstenfeld, Hauptstraße 2a, 8280 Fürstenfeld, Tel. 03382/55470 (unter dieser Telefonnummer auch Informationen zum Museum Pfeilburg) | **ÖPNV** Bus 470 von Graz (Andreas-Hofer-Platz) in anderthalb Stunden nach Fürstenfeld | **Anfahrt** Süd-Autobahn (A 2) bis Ausfahrt 139 Fürstenfeld, der B 319 bis Hauptstraße in Fürstenfeld folgen | **Tipp** Das Freibad (Badstraße 1, Tel. 0664/73451854, www.dasfreibad.at) mit dem Campingplatz und der weitläufig angelegten Sportanlage zählt zu den größten Europas.

21 Der dokumentierte Spuk

Als der Poltergeist sein Unwesen trieb

Unweit von Stallhofen befindet sich das Gut Münichhof in Södingberg. Hier wurde schon im 12. Jahrhundert Wein angebaut. 1586, unter Abt Georg Freyseisen (amtiert 1577–1605), wurde der Münichhof erbaut. Dieses Landhaus des Stiftes Rein diente den Mönchen später auch als Gerichtsstandort, wie etwa das Buchhaus in Geistthal.

Vom 6. Oktober 1816 bis zum Allerheiligentag erregte dieser Ort jedoch enorme Aufmerksamkeit. Es hat hier so sehr gespukt, dass sogar Erzherzog Johann (1782–1859), der Bruder des Kaisers Franz I. und große Förderer der Steiermark, darauf aufmerksam wurde. Dieser entsandte einen Freund, den Eisenverweser Josef von Aschauer, an den Hof. Der solle sich der Sache annehmen und ihm sogleich Bericht erstatten.

Bis heute ist Aschauers Bericht einer der wenigen amtlich dokumentierten Berichte eines Poltergeistes. Denn Aschauer wurde kurz darauf selbst Zeuge einer Spuk-Erscheinung und ergriff sogleich die Flucht. Erst Jahre später schrieb er seinen Bericht und gab an, dass Dutzende Menschen zugegen gewesen waren, als allerhand Geschirr – Teller, Schüsseln, Gläser und Flaschen – durchs Haus schwirrten, ohne zu zerbrechen und ohne jemanden zu verletzen. Immer wieder sollen Menschen in jenen Tagen an den Münichhof gekommen sein, um das seltsame Treiben zu beobachten, Ursache dafür wurde aber keine gefunden. Mit dem Allerheiligentag hatte es dann plötzlich ein Ende damit. Niemals wieder hat es in dem Haus seither gespukt, und der Erzherzog besuchte es selbst in den Jahren 1829 und 1851.

Heute vermutet man, dass in all den Jahren, in denen der Münichhof Gerichtsstand gewesen war, auch eine Menge ungerechte Urteile gefällt wurden. Die schlechte Aura des Ortes dürfte sich eines Tages eben plötzlich entladen haben. Der Hof ist mittlerweile in Privatbesitz, es wird hier Kürbis angebaut und Steirisches Kürbiskernöl hergestellt.

Adresse Södingberg 2, 8152 Stallhofen, Tel. 03142/8455, www.muenichhof.webnode.at (Bauernhof heute in Privatbesitz) | **Anfahrt** über Steinbergstraße, Mantscha, L 301 und Aichegg bis Södingberg | **Öffnungszeiten** Geschichtstour nur nach vorheriger Anmeldung (Tel. 03142/8455) | **Tipp** Das Kern-Buam-Museum beim Schneiderwirt in Voitsberg befindet sich in der Lobmingerstraße 39, keine zehn Minuten entfernt.

22 Das unheimliche Haus

Geschichten um das Amtshaus der Reiner Mönche

Im Zentrum der Ortschaft Geistthal ist das Buchhaus nicht zu übersehen. Ein wuchtiges Gebäude aus dem Jahr 1538, aus dessen Dachluke die verwitterten Köpfe zweier ausgestopfter Braunbären starren. Diese Präparate sind rund 170 Jahre alt und sollen die letzten erlegten Bären im Gleinalmgebiet sein.

Doch ums Buchhaus, das einst als Amtshaus der Reiner Mönche diente und nun bereits seit Jahren von einem Kulturverein instand zu halten versucht wird, ranken sich noch ganz andere Legenden. Hier in den uralten Gemäuern mit dem meisterhaft verarbeiteten Dachstuhl und der Marmorsäule aus der provinzialrömischen Epoche (3. bis 5. Jahrhundert nach Christus) im Stiegenhaus befindet sich auch eine merkwürdige Holzplastik, die heilige Kummernus (auch Kümmernis oder Wilgefortis genannt) – eine ans Kreuz geschlagene Frauengestalt mit starkem Bartwuchs. Um diese Figur rankt sich die Legende, dass sich einst ein wunderschönes Mädchen weigerte, den Mann zu heiraten, den ihr der Vater zugedacht hatte. Sie lief in den Wald und bat Gott, sie hässlich zu machen. Als der Vater den Bart sah, ließ er sie ans Kreuz schlagen.

Die seit dem 15. Jahrhundert verehrte, von der Kirche aber niemals anerkannte Heiligenfigur birgt noch eine weitere Legende. Ein bettelarmer Spielmann sei eines Tages gekommen und habe um eine Gabe gefleht. Da fiel der Figur ein goldener Schuh vom Fuß. Als der Mann das Pfand einlösen wollte, erkannten die Geistthaler sofort, woher der Schuh stammte, und gedachten den Mann hinzurichten. Daraufhin fiel auch der zweite Schuh vor den Augen der Henker zu Boden. Die Figur des Spielmanns ist seit dem Jahr 1857 verschollen, die heilige Kummernus befindet sich in einem kleinen Raum im ersten Stock. Ganz in der Nähe ist übrigens auch die »Keichn«, jene düstere Kammer, in der in den Hexenprozessen von 1686 bis 1688 mehr als 20 Personen vor ihrer Hinrichtung »untergebracht« wurden.

Adresse Kulturverein Geistthal-Södingberg, Eggartsberg 99, 8153 Geistthal-Södingberg | **Anfahrt** über die B 67 bis Stübing, in der Stübingtalstraße nach Großstübing abbiegen und der L 315 bis ins Geistthal folgen, Buchhaus (Geistthal Nr. 7) nicht zu übersehen | **Tipp** In unmittelbarer Nähe zum Buchhaus befindet sich die spätgotische Kirche St. Jakob mit einem romanischen Karner, umgeben von einem Friedhof.

23 Die Attentate

Wie der irre Briefbomber Franz Fuchs agierte

1. Oktober 1997: Weil sich zwei Frauen in ihrem Pkw von einem Fahrzeug verfolgt gefühlt hatten, alarmierten sie die Gendarmerie. Als diese das Fahrzeug vor einem Haus geparkt findet, klopft sie an die Tür. Ein Mann steigt aus, hält etwas Längliches in der Hand. Dann explodiert es. Dies ist das dramatische Finale einer atemberaubenden Suche. Denn der Mann in dem Wagen war niemand Geringerer als Franz Fuchs, der Bombenterrorist, der das ganze Land seit Jahren in Angst und Schrecken versetzt hatte.

Begonnen hatte alles am 3. Dezember 1993 um 11.05 Uhr mit einem Anschlag auf Pfarrer August-Janisch in Hartberg. Keine Stunde später explodierte eine Briefbombe im Büro von ORF-Moderatorin Silvana Meixner. Kurz darauf wird ein Brief an Caritas-Präsident Helmut Schüller ebenso abgefangen wie eine Sendung an den Slowenischen Kulturverein in Radkersburg. Am 5. Dezember explodiert eine Bombe in den Händen von Wiens Bürgermeister Helmut Zilk, der dabei schwer verletzt wird. Madeleine Petrovic, Klubobfrau der Grünen, erhält eine Bombe, die wird aber abgefangen, auch Frauenministerin Johanna Dohnal und die Arbeitsgemeinschaft für Ausländerbeschäftigung der Wiener Wirtschaftskammer haben Glück. In Klagenfurt verliert Sprengstoffexperte Theodor Kelz beide Hände beim Versuch, ein verdächtiges PVC-Rohr vor einer Volksschule zu entschärfen. Es tauchen Bekennerschreiben einer »Bajuwarischen Befreiungsarmee« auf, und in Oberwart geht am 4. Februar 1995 eine Bombe hoch, die vier Menschen das Leben kostet.

Auch nach Deutschland wurden Briefbomben verschickt, in Graz-Gösting detonierten zwei Bomben in einem Briefkasten.

Bis der Gesuchte einen Fehler machte und zwei Frauen verfolgte … Heute weiß man, dass Franz Fuchs ein Einzeltäter war und in seiner Wohnung im Elternhaus in Gralla Bomben bastelte. Er erhängte sich im Jahr 2000 in der Karlau mit dem Kabel seines Rasierapparates.

Adresse Markgemeinde Gralla, Schulstraße 7, 8431 Gralla, Tel. 03452/82628 | **Anfahrt** A 9, Ausfahrt 214 Leibnitz, danach der Unteren Dorfstraße folgen | **Tipp** Schauen, staunen, schmecken – im Naturparkzentrum Grottenhof/Regioneum tauchen Sie in die Genusswelt der Steirer ein (April bis Mitte Dez. Di–So 9–17 Uhr; Grottenhof 1, 8430 Kaindorf/Sulm, Tel. 03452/732283, www.regioneum.at).

24 Der Todesmarsch

Tragisches Ende einer verzweifelten Flucht

Schon in der Schule hörte der Gratkorner Maximilian Tonsern vom Judengrab in der Dult. Ausgerechnet hier soll ein Verbrechen stattgefunden haben. Wo es doch so friedlich still ist in dieser Gegend.

Frühling 1945: In beispielloser Grausamkeit wurden Tausende jüdische Zwangsarbeiter aus Ungarn über Graz nach Norden getrieben. Dieser Todesmarsch entlang der Mur sollte für die meisten im oberösterreichischen KZ Mauthausen enden. Hier wurden sie in jene Gas-Duschen gesteckt, die bis heute für Entsetzen sorgen. Doch schon während dieses Marsches kam es zu Gräueltaten, nur wenige hatten die Kraft, einen Fluchtversuch zu unternehmen. Wie etwa jene Gruppe von Todgeweihten, die in Gratkorn, einer Gemeinde im Norden von Graz, plötzlich auf und davon lief.

20 Männer scherten am 4. April 1945 aus der Marschgruppe von etwa 8.000 Menschen aus und rannten um ihr Leben. 14 von ihnen wurden bald aufgegriffen und erschossen. Doch sechs Männer blieben unentdeckt – sie hetzten durch die Dult, eine Talsenke, die auf die Rannach führt, einen dem Schöckl vorgelagerten Höhenzug. Doch die Männer müssen die Orientierung verloren haben, wie sonst ist zu erklären, dass sie wieder zurückliefen? Direkt in die Hände eines Trupps der SS-Panzer-Division »Wiking«. Für die Fliehenden gab es keine Rettung. Fünf von ihnen wurden erschossen und in einem Massengrab verscharrt. Der sechste soll in einer Scheune stundenlang gefoltert worden sein, ehe er starb. Das Ganze spielte sich nahe beim Kloster Mariarast der Barmherzigen Schwestern vom Heiligen Vinzenz von Paul ab, in der Juhatz-Kurve am Waldrand, bevor sich das Tal öffnet.

Dass wir heute überhaupt davon wissen, ist ebenjenem damals 24-jährigen FH-Studenten zu verdanken, der im Zuge einer Projektarbeit im Jahr 2012 erstmals darüber berichtete. 2015 enthüllte die Gemeinde Gratkorn einen Gedenkstein für die unbekannten Opfer dieser Tat.

Adresse Gemeindeamt Gratkorn, Dr.-Karl-Renner-Straße 47, 8101 Gratkorn, Tel 03124/222010 | **Anfahrt** auf der B 67 nach Gratkorn, Südeinfahrt »Am Hartboden« zur Dultstraße (rechts abbiegen), dort dem Dultbach bis zum Kloster folgen, Juhatzkurve unmittelbar davor am Waldrand | **Tipp** Das Restaurant im Kulturhaus (Bahnhofstraße 2, 8101 Gratkorn, Tel. 03124/23811) wurde 2018 neu eröffnet.

25 Das letzte Todesurteil

Er hat seine Frau mit Hitrach ermordet

Das Stift Rein ist nicht nur das älteste Zisterzienserstift der Welt, es hat auch eine bewegte Vergangenheit als Landgericht. Insgesamt kam es hier zu 210 Kriminalprozessen, darunter auch einigen Todesurteilen. Das letzte wurde 1780 in Gratwein vollstreckt.

Passiert war Folgendes: Als die Bäuerin Gertraud Goignerin verstarb, erregte das Misstrauen. Allzu oft hatte sie sich mit ihrem Gatten, dem 65-jährigen Josef Goigner, gestritten und sogar geprügelt.

Goigner wurde also am 5. April 1780 in Gratwein eingesperrt und die Leiche seiner Frau exhumiert. Und tatsächlich, der behandelnde Mediziner entdeckte in ihrem Leichnam Gift und stellte fest: »Der weiße Hitrach ist der schärfste, und man rechnet 20 Gramm schon tödlich, da sie aber über 120 Gramm bekommen hat, so hätte sie mit keinen Hilfsmitteln von dem Tode gerettet werden können.«

Kurz darauf gestand Goigner die Tat: Ein halbes Jahr nach ihrer Hochzeit habe es angefangen. Gertraud Goignerin, die 46-jährige Angestellte eines Perückenmachers in der Grazer Leonhardstraße, verstand nichts von Bauernarbeit. Sie hatten ständig »Händl«, also Streit, aber »auf das Briglen« – zum Prügeln – kam es nur zweimal. Eines Tages fasste er den Entschluss, sie zu töten. Das Gift besorgte er sich in der Fastenzeit des Jahres 1780. Seine Frau klagte über Schmerzen, doch statt beim »Tiroler« in Graz ein »fruchtbares« Öl zu kaufen, ging er zum Mittfastenmarkt und besorgte das Pulver, das auch als Rattengift verwendet wurde. Am Karfreitag gab er seiner Frau den Trunk, gegen Mittag lag sie bereits im Sterben.

Goigner wurde am 22. Juni beim heutigen Breiten Kreuz an der Judendorfer Straße hingerichtet. Wegen seines Alters ließ man Milde walten: Statt ihm die Knochen von den Füßen weg zu brechen, begann der Henker mit dem Kopf. So war Goigner längst tot, als der Henker immer noch an seiner Hinrichtung arbeitete.

Adresse Gemeinde Gratwein-Straßengel, Hauptplatz 1, 8111 Gratwein-Straßengel, Tel. 03124/513000 | ÖPNV Bus 125, Haltestelle direkt vor dem Breiten Kreuz | Anfahrt Breites Kreuz (Bildstock) an der Judendorfer Straße (L 302) im Ortsteil Gratwein kurz nach dem Supermarkt | Tipp Die weithin sichtbare Wallfahrtskirche Maria Strassengel ist eine sehenswerte Wehrkirche, deren Ursprünge auf das 12. Jahrhundert zurückgehen.

26 Das Skelett des Stifters

Vom Ursprung der Steiermark

Rund 15 Kilometer nördlich von Graz befindet sich das älteste noch erhaltene Zisterzienserkloster der Welt, das Stift Rein. Hier sind ein Gymnasium untergebracht, eine beeindruckende Bibliothek und – eine offene Grabstelle. In der Marienkapelle sind unter einem Glassturz die Gebeine des steirischen Markgrafen Leopold I. († 1129) zu sehen.

Der makabre Fund wurde in den Jahren 2002 bis 2007 bei Renovierungsarbeiten gemacht. Damals wurden Teile der romanischen Klosteranlage freigelegt, so etwa auch die gemauerten Sitzbänke des Kapitelsaales, auf denen die Mönche bereits vor mehr als 800 Jahren Platz genommen haben. In der Mitte dieses Kapitelsaales fand sich ein Grabschacht mit einem gut erhaltenen Skelett. Sowohl der anthropologische Befund als auch die Tatsache, dass es sich um eine Sekundärbestattung handelt, lassen vermuten, dass es die im 13. Jahrhundert umgebetteten Gebeine des steirischen Markgrafen Leopold I. sind.

Leopold I. verstarb im Gründungsjahr des Stiftes 1129 und soll ursprünglich an anderer Stelle bestattet worden sein. Erst im 13. Jahrhundert wurde er hier im Kapitelsaal untergebracht.

Dass im Stift Rein seit dem Jahr 1129 Mönche leben und arbeiten, ist Leopold zu verdanken. Er war Traungauer und von 1122 bis 1129 Markgraf der Steiermark. Im Jahr 1122 hatte er Heinrich III. († 1122), den Cousin seines Vaters Otakar II. († 1121), beerbt, dadurch vereinte er die Region Murau, das Murtal bis Leoben, Bruck und Gösting, das Mürztal und das Mariazellerland sowie den Bezirk Voitsberg. Er errichtete in Hartberg außerdem die erste Pfalz im Land (königlicher Wohnsitz) und trieb die Gründung des Stiftes Rein voran. Die ersten Mönche kamen damals aus Franken. Leopold ist also nicht nur der Stifter des Klosters, seine Lebensgeschichte führt auch zurück in die Anfänge der Geschichte des gesamten Landes, und er gilt somit als Gründer der Steiermark.

Adresse Zisterzienserstift Rein, Rein 1, 8103 Gratwein-Straßengel, Tel. 03124/5162153 | **Anfahrt** auf Wiener Straße bis Gratwein-Straßengel, über Gratweiner- und Judendorfer Straße bis zum Ortsteil Gratwein, beim Kreisverkehr links durch Gratwein bis Eisbach, Kloster nicht zu übersehen | **Öffnungszeiten** Teilnahme am Chorgebet um 12 Uhr möglich, täglich Führungen um 10.30 und 13.30 Uhr, eigene Termine für Gruppen ab 15 Personen 365 Tage im Jahr nach Vereinbarung | **Tipp** Im Gasthof »Zur Linde« (Hörgas 1, 8103 Eisbach, Tel. 03124/51069) wird auf höchstem Niveau gekocht.

27 Die Belgierkaserne

Schandtaten, die spät ans Licht kamen

»Das Naziregime mordete aus Rassenwahn Juden, Widerstandskämpfer und alliierte Soldaten aus Rachsucht unter Missachtung von Völker- und Menschenrecht. Menschen aus Ungarn, der Sowjetunion, Polen, Österreich, Großbritannien, Frankreich, Deutschland, Jugoslawien und aus den Vereinigten Staaten von Amerika wurden in dieser Kaserne zwischen dem 2. April und dem 2. Mai 1945 von der SS auf Befehl der Gauleitung getötet.«

Gerüchte hatte es immer schon gegeben, doch in der heutigen Belgierkaserne eine derartige Gräueltat zu vermuten, hätte sich lange kaum jemand vorstellen können. Es ist der Initiative einiger Historiker rund um Universitätsprofessor Dieter A. Binder zu verdanken, dass in der einstigen SS-Kaserne nun doch ein Gedächtnishain errichtet wurde, aus dessen Text die eingangs zitierten Worte stammen.

Im Frühling 1945 wurden hier nicht weniger als 200 Menschen ermordet. Es handelte sich dabei vorwiegend um ungarische Juden, die sich auf dem in diesem Buch bereits erwähnten Todesmarsch ins Konzentrationslager Mauthausen befanden. 150 von ihnen waren nicht mehr imstande zu gehen, also wurden sie erschossen. 50 weitere Opfer waren Zwangsarbeiter und Kriegsgefangene sowie gefangene Agenten. Die NS-Schergen verscharrten ihre Opfer zunächst in Bombentrichtern, weil sie aber befürchteten, die Schandtat würde nach dem schon vorhersehbaren Kriegsende ans Licht kommen, exhumierten sie die Leichen Tage später und vergruben sie am Schießplatz Feliferhof. Immerhin 77 Leichen wurden jedoch noch innerhalb der SS-Kaserne gefunden.

66 Jahre danach wurde der Gedächtnishain eingeweiht. Zu diesem Zeitpunkt war man auch sicher, dass sich nach wie vor Leichen der Opfer in dem Areal befinden müssen. Um die Totenruhe nicht zu stören, wurde allerdings auf eine Exhumierung verzichtet. Alljährlich findet nun am 10. Dezember – dem Tag der Menschenrechte – eine Gedenkfeier statt.

Adresse Belgierkaserne, Straßganger Straße 171, 8052 Graz | Anfahrt über Bahnhofgürtel, Kärntner Straße und Peter-Rosegger-Straße bis zur Straßganger Straße, dort rechts abbiegen | Öffnungszeiten Anmeldung im Militärkommando Steiermark unter presse.steiermark@bmlvs.gv.at | Tipp Ein Besuch in Schloss Eggenberg, dem prunkvollen Sitz der einstigen Adelsfamilie mitsamt herrlichem Park und Archäologiemuseum, ist fast ein Muss (Eggenberger Allee 90, Tel. 0316/80179532, www.museum-joanneum.at).

28 Die Bihänder

Die wohl furchterregendste Waffe von Graz

Im Landeszeughaus, der größten historischen Waffenkammer der Welt, reihen sich rund 32.000 Waffen, Harnische und Zubehörteile aller Art. Ein Wandfeld im vierten Stock aber wirkt besonders einschüchternd. Jenes mit den insgesamt 19 Bihändern: Hiebwaffen, die in den Jahren 1570 bis 1590 angeschafft wurden.

Diese Bi- oder Zweihänder haben ein Gesamtgewicht von 3,08 bis 4,64 Kilogramm und eine Gesamtlänge von 1,56 bis 1,75 Meter. Allein die Klingenlänge beträgt bis zu 1,29 Meter und die Breite derselben bis zu 4,8 Zentimeter. Eine Waffe mit derartigen Ausmaßen konnte nur von Spezialisten geführt werden. Sie ist so schwer und unhandlich, dass sie mit zwei Händen geführt werden musste und der Körper deshalb nicht mit einem Schild zu schützen war.

Die Kriegsführung jener Zeit sah häufig so aus, dass Pikeniere mit ihren Spießen die Büchsenschützen beim Nachladen der Waffen hinter sich schützten. Deren Ladevorgang dauerte einige Minuten, Zeit, während der sie zum Ziel für die gegnerische Reiterei werden konnten. Um der Kavallerie (und vor allem den Pferden) diese gefährlichen Spieße zu ersparen, kamen nun die Bihänder-Träger ins Spiel. Sie hoben die Waffe und führten die Hiebe waagrecht und weit ausholend aus, um den Pikenieren die Spieße abzuschlagen. Aufgrund dieser Methode wurden sie auch Gassenhauer genannt – denn sie schlugen eine Bresche in die feindlichen Linien. In diese Bresche sprangen dann die Reiter und gelangten so zu den Schützen der hinteren Reihen. Für diesen gnadenlosen Job wurden die Gassenhauer in speziellen Fechtschulen trainiert.

Und doch ist es heute unwahrscheinlich, dass die Bihänder des Landeszeughauses jemals in einer richtigen Schlacht eingesetzt wurden. Gesichert ist nur, dass sie im Jahr 1600 in der Garde Ferdinands II. (1578–1637) Verwendung fanden. Für dessen Hochzeit wurden die Bihänder nämlich aus dem Zeughaus geliehen.

Adresse Landeszeughaus, Herrengasse 16, 8010 Graz, Tel. 0316/80179810 | **Anfahrt** Zeughaus zwischen Hauptplatz (alle Straßenbahnlinien) und Jakominiplatz (alle Linien), fußläufig erreichbar | **Öffnungszeiten** 1. Nov.–2. April (außer Mo) 11–15 Uhr, 3. März–31.Okt. (außer Mo) 10–17 Uhr; nur mit Führung zugänglich | **Tipp** Versäumen Sie nicht, durch die Grazer Innenstadt zu flanieren – sie ist UNESCO-Weltkulturerbe –, und halten Sie vor dem bemalten Haus in der Herrengasse 3. Der Herzoghof erhielt bereits 1600 sein erstes »Tattoo«, die heutige Bemalung stammt vom Barockmaler Johann Mayer aus dem Jahr 1742.

29 Der »Bolzen-Georg«

Ein makabrer Fund in der Grazer Burg

Im Jahr 2010 machten Bauarbeiter bei Umbauarbeiten im Bereich der Grazer Burg eine grausige Entdeckung – menschliche Knochen wurden freigelegt. Die herangezogenen Archäologen und Forensiker konnten in den folgenden Wochen die Existenz von insgesamt zehn Skeletten feststellen. Die wissenschaftliche Expertise wies darauf hin, dass es Überreste einer Bestattung aus dem frühen 14. Jahrhundert sein müssten.

Man stellte relativ rasch fest, dass es sich bei den Leichen durchwegs um Männer im Alter von 20 bis 25 Jahren handelte, von denen zwei ganz sicher oft zu Pferd unterwegs gewesen waren. Stutzig machte die Wissenschaftler aber, dass einer der Skelettschädel von einem Metallbolzen durchbohrt worden war, den sie knapp unter dem rechten Auge im Gehirn vorfanden. Dieser Cold Case war einige Zeit die große Attraktion im Archäologiemuseum des Universalmuseums Joanneum in Graz-Eggenberg und befindet sich heute im Depot des Museums. Das Skelett hat sogar einen Namen – es wird »Bolzen-Georg« genannt.

Nach der Isotopenanalyse des Zahnschmelzes geht man davon aus, dass es sich dabei um einen etwa 50-jährigen Mann handelte, der die letzten Jahre zwar in Graz lebte, hier aber nicht aufgewachsen war. Zu Tode gekommen war er wohl in einem Zweikampf, einem Kampf, der nach Ansicht der Forscher folgendermaßen abgelaufen sein musste: Sein Gegner attackierte ihn mit einer gabelartigen Waffe und stach zunächst auf das Gesicht ein. »Bolzen-Georg« beugte sich schmerzverzerrt nach vorne, eine Zinke der Waffe brach ab. Der Gegner stach noch einmal zu und durchbohrte das Stirnbein. Die Folge war eine tödliche Hirnblutung.

Noch ein Detail konnte übrigens analysiert werden: Alle anderen Skelette wiesen einen Mangel an Vitamin C und Eisen auf, was darauf schließen lässt, dass sie Opfer einer Epidemie wurden, etwa von Grippe, Typhus oder Mumps.

Adresse Grazer Burg, Hofgasse 15, 8010 Graz, Tel. 0316/8075084 | Anfahrt über Hauptplatz (alle Straßenbahnlinien) in die Sporgasse, von dort in die Hofgasse abbiegen, vorbei an Freiheitsplatz (links) und Dom (rechts) bis zur Burg | Tipp Unmittelbar hinter dem Burgtor befindet sich der Stadtpark. Ein Besuch im Naherholungsraum der Grazer empfiehlt sich.

30 Die Briefträger-Morde

Der Mörder schlug mit dem Fleischerbeil zu

Es war eine beispiellose Suchaktion, die die Polizei im März 1974 in Graz auf die Beine stellte. 180 Häuser wurden von 45 Beamten durchsucht, doch vom seit Tagen verschwundenen Briefträger Roman Rauch (54) fehlte jede Spur. Er hätte 70.000 Schilling in der Friedrichgasse, Schönaugasse, Grazbachgasse und Schmiedgasse zustellen sollen, an insgesamt 50 Personen. Doch nach etwa der Hälfte der Zustelladressen war er nicht mehr aufgetaucht. In der Zwischenzeit übernahm sein Kollege Gerhard Rosenberger (20) seine Tour und machte sich ebenfalls auf die Suche. Mit einer Taschenlampe durchstöberte er sogar die Keller der Häuser, da auch er ein Gewaltverbrechen vermutete. Am 2. April war Rosenberger selbst mit 320.000 Schilling unterwegs – um 11 Uhr wurde er das letzte Mal gesehen.

In Graz brach Panik aus. Pensionisten schlossen sich ein, die Polizei rückte aus. Durch die Recherchen stellte sich heraus, dass die letzte Zustelladresse Rosenbergers die Fleischerei des 27-jährigen Karl H. Ecke Schönaugasse / Grazbachgasse gewesen war. Hier hatte ihn eine Dame gesehen, als sie sich eine Wurstsemmel kaufte. Merkwürdigerweise beharrte der Fleischer jedoch darauf, dass er Rosenberger nicht getroffen habe. Im Nachbargeschäft berichtete kurz darauf eine Verkäuferin, dass der Fleischer Kleingeld wechselte, das blutrot gewesen war. Einem weiteren Nachbarn fiel ein blutroter Teppich im Keller auf.

Während Karl H. einvernommen wurde, stellten die Ermittler fest, dass es sich um Menschenblut handelte, nun lieferte der Fleischer ein Geständnis ab: Er habe Schulden gehabt, deshalb beide Briefträger mit einem Fleischerbeil erschlagen und in der Tiefkühlbox aufbewahrt, bis es eine Gelegenheit gab, sie fortzuschaffen. An der Tür befestigte er den Zettel »Komme gleich«.

Karl H. wurde zu »lebenslanger Freiheitsstrafe« verurteilt. Er lebt heute nach seiner Entlassung in Salzburg.

Adresse Kriminalmuseum, Heinrichstraße 18, 8010 Graz, Tel. 0316/3806514 | **Anfahrt** vom Jakominiplatz (alle Bus- und Straßenbahnlinien) in die Jakoministraße, Gebäude der einstigen Fleischerei an der Ecke Grazbachgasse | **Öffnungszeiten** Mo 10 – 15 Uhr (Fixführung 11 Uhr), Do 13 – 17 Uhr beziehungsweise jederzeit nach Voranmeldung | **Tipp** Das Augartenbad ist der Treffpunkt schlechthin (Schönaugürtel 1, 8010 Graz, Tel. 0316/887792). Hier gibt's Kinderanimation und Märchenerzählnachmittage vom Kindermuseum Frida & Fred.

31 Die Falle

So endete die Baumkirchner-Fehde

Bis vor 100 Jahren suchte ein Geist die Murgasse in Graz heim. Er tauchte unvermittelt auf, rollte mit den Augen und streckte den Leuten die Zunge entgegen. Und nicht nur das: Dieser Geist präsentierte den Leuten auch seinen Schädel, den er in der Hand hielt.

Das Treiben hatte seinen Ursprung im 15. Jahrhundert. Damals, im Jahr 1468, schlug sich Andreas Baumkirchner (um 1420–1471), einer der Heerführer Kaiser Friedrichs III. (1415–1493), auf die Seite des Ungarnkönigs Matthias Corvinus (1443–1490). Grund dafür waren ausgebliebene Soldzahlungen des Kaisers.

Die Schlachten wogten hin und her, ehe der Kaiser Baumkirchner zu Verhandlungen nach Graz einlud. Gemeinsam mit Andreas Greißenegg (1425–1471) und seinem Schwiegersohn Hanns von Stubenberg († 1480) ritt dieser also am 23. April 1471 nach Graz – ihm wurde freies Geleit bis zum Vesperläuten zugesagt. Doch die Verhandlungen zogen sich in die Länge. Als die drei die Falle bemerkten, war es zu spät. Die Murtore schlossen sich, Henker, Priester und die Stadtwache traten vor. Baumkirchner soll dem Kaiser noch all seine Güter und 40.000 Dukaten angeboten haben, so schildert es der Historiker Johann Weichard von Valvasor (1641–1693) rund 200 Jahre später. Doch »darum dass er wider sein oberstes Haupt sich empört hatte«, wurde Baumkirchner noch an Ort und Stelle enthauptet, ebenso wie Greißenegg. Nur Stubenberg wurde begnadigt.

Die Legende besagt, dass Baumkirchners Tochter Martha dem Vater gefolgt war. Sie tunkte ein Tuch in dessen Blut und schleuderte es einen Fluch aussprechend den Anwesenden entgegen. Bis ins 19. Jahrhundert soll jener Stein, der als Richtblock gedient hatte, in einem Haus nahe dem Stadttor aufbewahrt worden sein. Rund um dieses Tor trieb Baumkirchners Geist mit dem Kopf im Arm sein Unwesen. Seit das Tor abgerissen wurde und auch das Haus mitsamt dem Stein verschwand, ist damit aber Schluss.

Adresse Ecke Murgasse/Kleine Neutorgasse, 8010 Graz | **Anfahrt** Murgasse zwischen Erzherzog-Johann-Brücke und Hauptplatz (Station sämtlicher Grazer Straßenbahnlinien) im Zentrum von Graz, beide Murtore heute nicht mehr sichtbar | **Tipp** Die Murinsel (Lendkai 19, 8020 Graz, Tel. 0316/822660) zählt zu den bemerkenswertesten Sehenswürdigkeiten von Graz.

32 Der Fliegermord

Lynchjustiz der Grazer im Weltkrieg

Er rannte um sein Leben, denn nur langsam realisierte er, dass ihn wider Erwarten keine Kugel von hinten treffen würde. Dass sie ihn nicht heimtückisch ermorden würden. Und tatsächlich, den 4. März 1945 überlebte der 17-jährige MacDonell Moore. Er lief in die Wälder von Gösting bis nach Plankenwarth. Irgendwo wurde er schließlich doch aufgegriffen, in ein Kriegsgefangenenlager gebracht und ausgeliefert. Aber er überlebte. Ganz anders als seine Kameraden wenige Stunden zuvor.

Wie so oft im Krieg heulten die Sirenen über Graz. Diesmal löste ein Verband der 15. US Army Air Force den Alarm aus. Während sich die Menschen in Sicherheit brachten, nahmen Andritzer Flak-Batterien das Geschwader ins Visier. Und sie trafen.

Der Bomber B-24 »Liberator« war sofort manövrierunfähig, der Treffer ließ ihn abdriften. In höchster Not sprang die Besatzung aus dem Flugzeug, das kurz darauf am Plabutsch zerschellte. Einige landeten wie MacDonell Moore im Norden der Stadt, doch sechs Mann trieb es mit ihren Fallschirmen weit nach Süden ab – ihr Todesurteil. Denn schon von Weitem sah man sie über den Stadtrand schweben, am Boden bildeten sich Trauben von Schaulustigen. Unter ihnen auch SS-Untersturmbannführer Markus Lienhart. Er stürmte auf den ersten soeben gelandeten US-Kampfpiloten zu und erschoss ihn mit zwei Schüssen in Oberkörper und Kopf. Auch der zweite Pilot wurde nicht verschont und vor den Augen unzähliger Leute erschossen. Ihre Kameraden wurden Opfer der Lynchjustiz, denn die Soldaten wurden als Terroristen angesehen.

Moore aber wurde von Gendarmen aufgegriffen, die ihrerseits ihr Leben riskierten, indem sie ihn verschonten. Seine Wunden wurden versorgt, Kinder brachten ihm Essen, und dann schickten sie ihn in die Wälder. Während Moore später längst in »sicherer« Gefangenschaft war, wurden die Leichen seiner Kameraden in Straßgang noch tagelang zur Schau gestellt.

Adresse Mahnmal: Kärntner Straße 311, 8054 Graz | **Anfahrt** Mahnmal an rechter Fahrbahnseite nach Autobahnzubringer und Filiale einer großen Möbelkette, Parkmöglichkeit in kleiner Einbuchtung | **Tipp** Etwas morbide, aber gut gemeint: Vom Friedhof Straßgang mit der Pfarrkirche hat man einen wunderbar stillen Blick über die Stadt (Florianibergstraße 15, Tel. 0316/285307).

33 Das große Leid

Was uns das Landplagenbild erzählt

»1480 umb unser frauntag der schiedung (15. August) sind hie zu Gratz gotesplag drey gewesen, haberschreckh, türken u. pestilenz u. jede so groß, dass dem menschen unerhörlich ist. Gott sei uns gnädig.« Dies sind die berührenden Worte unter einem unheimlich anmutenden Bild. Kreuze und Särge sind darauf auszumachen, ein Kranker wird versorgt, auf den Knien flehende, finstere Gestalten. Dieses Werk an der Fassade des Grazer Doms ist heute als »Landplagenbild« bekannt. Es wurde von Thomas von Villach geschaffen und 1485 von den Bürgern gestiftet. Abgesehen davon, dass dieses Votivbild eine der ältesten Ansichten von Graz darstellt, macht es deutlich, in welcher Furcht die Menschen einst lebten.

Die Katastrophen brachen im 15. Jahrhundert fast gleichzeitig herein. Baumkirchners Kopf war gerade erst durch die Murgasse gerollt (1471), schon standen die Türken vor der Tür. In elf Jahren überrannten sie das Land zehn Mal. Tausende Steirer wurden ermordet. Dann noch die Auseinandersetzung mit Mathias Corvinus (1443–1490), dem König von Ungarn, der über Deutschlandsberg, Pettau und Leibnitz herfiel.

Doch die Not der Bevölkerung war nicht nur auf Schlachtfelder begrenzt. 1480 vernichteten Wanderheuschrecken die Ernte, und Starkregen verursachte Überschwemmungen und Murenabgänge. Eine Hungersnot brach aus. Krankheiten verbreiteten sich, noch dazu die schlimmste aller – die Pest.

Was immer sich die Stifter erhofft hatten, ein Ende des Leids brachte das Landplagenbild nicht. 1486 trat die Mur über die Ufer, 1489 zerstörten Unwetter 80 Prozent der Ernte, und der Kaiser erhöhte die Steuern, weil er Geld brauchte, um gegen Corvinus zu kämpfen. Erst als dieser 1490 das Zeitliche segnete, kehrte Ruhe ein. Doch keine 20, 30 Jahre später erhoben sich die Bauern im Ennstal, und es gab Gerüchte von einem neuen Glauben. Aber das ist eine andere Geschichte.

Adresse Grazer Dom, Burggasse 3, 8010 Graz (Landplagenbild an der südlichen Außenwand) | Anfahrt über Hauptplatz (alle Straßenbahnlinien) in die Sporgasse, von dort in die Hofgasse abbiegen, vorbei am Freiheitsplatz (links) bis zum Dom | Tipp Im Mausoleum (Burggasse 3, Di–Fr 10–17 Uhr, Sa, So 11–17 Uhr) ruhen die sterblichen Überreste Kaiser Ferdinands II. (1578–1637) und seiner Familie.

34 Das Irrenhaus

»Ein gänzlich verwahrloster Eindruck«

Anfang des 19. Jahrhunderts gab es in der Steiermark nur eine einzige Möglichkeit zur Verwahrung von weiblichen Geisteskranken: Die Räumlichkeiten des ehemaligen Kapuzinerklosters wurden als Teil des Allgemeinen Krankenhauses von Kaiser Joseph II. (1741–1790) entsprechend eingerichtet und von 1787 bis 1874 »Tollhaus« – oder schlicht auch »Irrenhaus« – genannt. Im Jahr 1823 wurden hier 86 Personen in 26 Zellen »behandelt« und sorgten für einen notorischen Platzmangel.

Im Erdgeschoss waren die Männer untergebracht, im ersten Stock die Frauen. Tobsüchtige bekamen eigene Stuben. Die Patienten schliefen in hölzernen Betten auf Strohmatten, beheizt wurden die Räume aus Kachelöfen auf den Gängen. Die Kranken erhielten drei Mahlzeiten – eine Fleischsuppe am Morgen, wieder Suppe und Fleisch gegen 11 Uhr und um 17 Uhr das Abendessen.

Doch nicht nur weil sämtliche Eingänge versperrt und die Fenster mit eisernen Gittern abgesichert waren, gab es Kritik. Der steirische Landesgouverneur Franz Graf von Hartig beschwerte sich nach einem Besuch im Jahr 1823 über schwere Mängel. Obwohl die Raumnot so groß war, wurden damals einzelne Zimmer lediglich als Lagerräume genutzt und nicht als Patientenzimmer adaptiert. Der schattige Garten war den Kranken ebenso nicht zugänglich, stattdessen bekamen sie zu Mittag lediglich in einem kleinen, stickigen Hof »Auslauf«. Außerdem machte das Bad einen »gänzlich verwahrlosten Eindruck«, und für die Insassen bestanden kaum Möglichkeiten, sich zu beschäftigen, weder spielerisch noch durch eine Arbeitstätigkeit. Außerdem fehlte ein Seelsorger, und trotz ärztlicher Betreuung konnten kaum Verbesserungen am Gesundheitszustand der Kranken festgestellt werden. Sie wurden lediglich durch Aderlass, Schröpfung oder Abführ- und Brechmittel behandelt. Kein Wunder also, dass in den 1830er Jahren nur 16 Prozent als gesund entlassen wurden.

Adresse Volkskundemuseum, Paulustorgasse 11–13 (Sitz der einstigen »Irrenanstalt«), 8010 Graz | **ÖPNV** über den Hauptplatz (alle Straßenbahnlinien) in die Sporgasse, dieser bis zum Ende (Paulustor) folgen, Volkskundemuseum an der linken Seite | **Öffnungszeiten** 24. März–30. Dez. Mi–So und Feiertage 14–18 Uhr | **Tipp** Warum sich nicht einmal etwas gönnen? In der Sternbar findet sich eine reichhaltige Auswahl an feinen Cocktails (Sporgasse 38, 8010 Graz, Tel. 0316/818400, www.stern-bar.at).

35_Der Kerkermeister

Vom Jagdschloss zum Hochsicherheitsgefängnis

Einige Streiflichter aus der Geschichte eines der wohl düstersten Gebäude des Landes – der Justizanstalt Graz-Karlau: Das ehemalige Jagdschloss von Erzherzog Karl II. (1540–1590) wurde 1794 in ein Gefängnis für französische Kriegsgefangene und 1803 in ein Provinzialstrafhaus für Kriminelle aus dem Herzogtum Steiermark umgewandelt. Ab 1809 wurden auch die Schwerverbrecher der Schlossberg-Kasematten hierher verlagert. Anfangs fasste der Bau 127 Insassen. Im Erdgeschoss befanden sich Verwaltungs- und Wohnräume für das Wachpersonal, im ersten Stock die Krankenzimmer, weitere Wohnungen und die Kapelle. Ganz oben waren die Insassen untergebracht – Frauen und Männer.

Die Sträflinge erhielten eine Anstaltskleidung und mussten all ihre Habseligkeiten abgeben. Sie schliefen auf Holzpritschen mit Strohsackmatratze, Strohpolster und Leintuch, wurden um 5 Uhr früh geweckt und gingen nach Gebet und Morgenwäsche zur Arbeit. Sie durften nur eine Stunde am Tag in einen Innenhof, um sich zu bewegen. Um 20 Uhr endete der Tag mit der Nachtruhe. Doch der strikte Plan hatte seine Tücken: Das karge Essen, die mangelhafte Hygiene und die schlechte Luft führten rasch zu einem Anstieg von Krankheitsfällen. 1820 war bereits jeder fünfte Insasse erkrankt. Jeder vierte davon starb an Lungenentzündung oder sogenannter »Abzehrung«.

Mehr als 100 Jahre später – kurz nach dem Zweiten Weltkrieg – unterrichtete der britische *chief executioner* Albert Pierrepoint (1905–1992) die Justizbeamten im Umgang mit dem langen Galgen. Dieser führte zum schnelleren Tod als der in Österreich bis dahin übliche kurze Galgen, bei dem die Delinquenten qualvoll erstickten – allerdings wurde die Todesstrafe 1950 in Österreich ohnehin abgeschafft.

In den 90er Jahren beherbergte die Karlau so prominente Verbrecher wie Jack Unterweger und Udo Proksch. Sie zählt zu den sichersten Gefängnissen Österreichs.

Adresse Justizanstalt Graz-Karlau, Herrgottwiesgasse 50, 8020 Graz, Tel. 0316/27050 | **ÖPNV** am besten erreichbar mit Straßenbahn 6 und Stadtbus 39 und 40 (jeweils Karlauer Gürtel), Karlau am Beginn der Triestersiedlung – einer Gemeindebau-Wohnanlage im Süden von Graz | **Tipp** Im Kunstgarten (Payer-Weyprecht-Straße 27, 8020 Graz, Tel. 0316/262787) erlebt man das Gegenteil vom Grau in Grau des Gefängnisses.

36_Der Leechwald

Was es mit den seltsamen Erhebungen auf sich hat

Schon der Name weist auf eine Besonderheit hin: Das keltische Wort »lech« und das Althochdeutsche »hleo« bedeuten »Grabstein« oder »Grabhügel«, die Etymologie zeigt uns also den Weg. Der beliebte Wald im Grazer Osten, gern genutzt als Lauf- und Spazierstrecke, ist eine weitverzweigte Grabhügel-Anlage aus dem 1. und 2. Jahrhundert vor Christi.

Bei genauerer Betrachtung der Topografie lassen sich die Erhebungen auch feststellen. Auch wenn man den Wald noch nicht exakt durchsucht hat, vermuten Experten, dass die Gräber aus der frühen römischen Kaiserzeit stammen (1. bis 2. Jahrhundert nach Christus). Üblicherweise befindet sich in jedem Hügelgrab nur ein Leichnam, genau genommen dürften wohl nur Teile des Skeletts bestattet worden sein, denn zu jenen Zeiten verbrannte man die Verstorbenen und verscharrte ihre Reste in Urnen aus Keramik, gemeinsam mit Grabbeigaben wie Schüsseln, Teller oder Münzen. Ähnliche Gräber gibt es im Südburgenland, in West- und Südungarn und in der Mittelsteiermark sowie in Slowenien.

Dieses Waldgebiet zwischen Mariatrost und Landeskrankenhaus ist also übersät mit Hunderten Gräbern. Und wo Tote liegen, da wandeln bekanntlich auch Geister – so gilt es bis heute unter Grazer Jugendlichen als besondere Mutprobe, sich nachts in den Leechwald zu wagen.

Die Leechkirche, die sich in der Nähe am Glacis befindet, steht ebenfalls auf einem Hügelgrab. Dieses dürfte allerdings noch älter sein und war Teil einer Friedhofsanlage aus der Zeit der Urnenfelderkultur (9. Jahrhundert vor Christus). Das Grab unter der Leechkirche, der ältesten römisch-katholischen Kirche in Graz (die heutige Form entstand im 13. Jahrhundert), hat einen Durchmesser von rund 20 Metern, Grabbeigaben wurden darin keine gefunden. Eine Besonderheit weist die Anlage auch noch auf: Bis auf einige Kreisverkehre ist dieses Grundstück das einzige kreisrunde in ganz Graz.

Adresse Leechkirche, Zinzendorfgasse 3, 8010 Graz | **ÖPNV** Leechwald mit Straßenbahn 1 (Haltestelle Hilmteich) erreichbar | **Anfahrt** Kirche vom Glacis aus über Rittergasse und Zinzendorfgasse zugänglich | **Tipp** Für kleine Abenteurer: Der Abenteuerspielplatz Afritschgarten kostet keinen Eintritt und ist ganzjährig geöffnet (www.fratz-graz.at).

37 Die Leiche im Koffer

Wie zwei Mörder der Gestapo (fast) entwischten

Graz, August 1942: Der Gestank muss furchtbar gewesen sein. Sonst hätte die Branntweinhändlerin Franziska Ziehensack nicht das ganze Haus Josefigasse 27 nach dessen Ursprung abgesucht. Im ersten Stock hatte sie ein Zimmer an die beiden Friseurgehilfen Johann Front (19) und Paul Zbogar (21) vermietet. Sie öffnete es und entdeckte einen von Fliegen umschwärmten Koffer in einer vertrockneten Blutlache.

Geöffnet hat den Koffer später aber die Polizei, und das war auch gut so, denn der Anblick des Inhalts war wohl nur etwas für abgebrühte Gemüter. Zusammengerollt und mit Stoffstreifen verbunden, befand sich darin der bereits stark verwesende Körper eines Mannes. Seine Zunge quoll aus dem Gesicht, die Augen waren aus den Höhlen getreten, die Farbe des Gesichts nahezu schwarz.

Ziehensack erinnerte sich beim Verhör an ein polterndes Geräusch ein paar Tage zuvor. Front sei nur betrunken, habe Zbogar ihr von oben zugerufen. Am nächsten Morgen waren beide fort – in einem Brief gestanden sie, nach Italien geflohen zu sein. Der Friseurmeister erstattete Anzeige wegen Vertragsbruches. Was geschehen war, fand die Polizei dennoch bald heraus. Zbogar und ein gleichaltriger, arbeitsloser Mann namens Franz Koren waren homosexuell und verdingten sich als »Strichjungen«. Die beiden dürften öfters in dem Zimmer gewesen sein, doch in jener Nacht von 15. auf den 16. August kam es zu einem Streit. Front wurde erdrosselt und in den Koffer gepresst.

Die Gestapo inhaftierte die Täter recht bald – allerdings nur wegen des Vertragsbruches. Nach einem Monat wurden sie wieder freigelassen, denn die Beamten hatten es verabsäumt, im Fahndungsblatt nachzusehen, in dem die beiden als gesuchte Mörder ausgeschrieben waren. Sie flohen durch halb Österreich, konnten aber am 21. Oktober in Innsbruck neuerlich verhaftet werden. Ihr Todesurteil wurde am 24. November 1942 vollstreckt.

Adresse Josefigasse 27, 8020 Graz | **ÖPNV** Bus 58, 63, Josefigasse parallel zum Lendplatz, von der Keplerstraße aus fußläufig erreichbar | **Öffnungszeiten** Mo 10–15 Uhr (Fixführung 11 Uhr), Do 13–17 Uhr beziehungsweise jederzeit nach Voranmeldung | **Tipp** Ganz in der Nähe befindet sich eines der eigentümlichsten Museen von Graz, die Schell Collection – besser bekannt als Schlüsselmuseum (Wiener Straße 10, 80120 Graz, Tel. 0316/71565638, www.schell-collection.com).

38 Das letzte Folteropfer

Sie wurde zum Krüppel gequält

Niemand hörte ihre Schreie, niemand sah, was man ihr antat. Nur die Gerüchte krochen aus den Ritzen des Mauerwerks im Reckturm mitten in Graz, dort, wo der Henker sein grausiges Werk vollführte. Die traurige Geschichte der Dienstmagd Marie soll Maria Theresia (1717–1780), Erzherzogin von Österreich und Königin von Böhmen und Ungarn, im Jahr 1776 dazu bewogen haben, die Folter zu verbieten.

Ein angesehener Grazer Kaufmann hatte seinen liederlichen Sohn zur Erziehung nach Salzburg geschickt. Nach einigen Tagen vermisste die Großmutter ihren Schmuck, und die Einzige, die Zugang zu deren Zimmer gehabt hatte, war das Dienstmädchen Marie. Dem Verdacht folgte die Anzeige, dieser der Prozess, und auch das Urteil war trotz aller Unschuldsbeteuerungen schnell gefasst.

Berichten zufolge legte der Henker Marie die Daumenschrauben so fest an, »bis das Blut aus den Fingern sprang«. Danach wurde das Mädchen in spanische Stiefel gelegt, die die Beine quetschten und ihr die Unterschenkelknochen brachen. Auch auf der Streckbank dürfte sie gelegen, der Henker sein ganzes Repertoire des Schreckens eingesetzt haben. Drei Mal soll das Mädchen unter der Folter alles zugegeben, vor dem Richter aber jeweils widerrufen haben. Nach dem dritten Mal waren ihre Gliedmaßen dermaßen fürchterlich gedehnt, dass die Arme aus den Gelenken gerissen waren. Marie war nun ein Krüppel, konnte weder ihre Arme noch die Beine benützen, weder gehen noch stehen und muss unter unvorstellbaren Schmerzen gelitten haben.

In der Zwischenzeit stellte sich heraus, dass der Sohn des Kaufmanns den Schmuck der Großmutter nach Salzburg mitgenommen hatte. Nach einer Rauferei lag er im Sterben und gestand seine Missetat am Sterbebett. Für Marie, die mittlerweile im Siechenhaus vor sich hin vegetierte, kam das Geständnis freilich zu spät. Die Familie des Kaufmanns aber ließ ihr täglich 20 Kreuzer zukommen.

Adresse Ecke Kaiserfeldgasse/Raubergasse, 8010 Graz | **ÖPNV** über den Hauptplatz (alle Straßenbahnlinien) in die Herrengasse spazieren und rechts in die Kaiserfeldgasse abbiegen, 1835 abgerissener Reckturm an der Ecke Raubergasse | **Tipp** Im Joanneumsviertel (Tel. 0316/80179100) in unmittelbarer Nähe befinden sich das Naturkundemuseum, die Landesbibliothek und die Neue Galerie.

39 Die Marmorsäule

Eine abscheuliche Mordtat

März 1922: Zwei Herren fiel im Café Europa der Schmuck einer Dame auf, und so nahm eine furchtbare Tat ihren Anfang. Wie es der Zufall wollte, suchte einer der beiden – Bruno Steiner (29) – eine Wohnung, und die Frau – Elsa Josep (43) – wollte ihre verkaufen. Zur vermeintlichen Geschäftsanbahnung in Steiners Wohnung in der Jakob-Redtenbacher-Gasse 7 gesellte sich auch dessen Kumpan Johann Keller (24), und der hatte – ganz zufällig – drei Likörgläser dabei. Sie stießen an, doch Frau Josep fiel nicht in Ohnmacht durch das beigefügte Morphium. Stattdessen wankte sie später nach Hause und erbrach sich mehrmals.

Bis hierhin wäre noch alles gut gegangen, doch die Dame traf eine folgenschwere Fehlentscheidung: Elsa Josep gesellte sich am 4. April abermals in die Jakob-Redtenbacher-Gasse – und wurde nun von Steiner erdrosselt. Danach nahmen die Männer – auch ein gewisser Georg Neuda (22) hatte sich dem Mordkomplott angeschlossen – dem Opfer Pelzmantel und Schmuck ab. Die Mörder zerlegten die Leiche in der Badewanne mit zwei Küchenmessern und packten die Teile in einen Handkoffer. Ein Dienstmann brachte diesen Tage später in das Kellerabteil des Hauses Schumanngasse 27, Kellers Elternhaus. Lediglich Kopf, Unterarme und Unterschenkel wurden in einer aus Holz gefertigten Imitation einer Marmorsäule eingegipst. Im Juni begann sich seltsamer Geruch auszubreiten.

Aufgeflogen ist die Tat aber, weil ein Bankbeamter auf Geld wartete, das die Josep ihm schuldete. Er erstattete Anzeige, die Polizei stieß bei den Untersuchungen auf die Hehlerware, der Verdacht fiel auf Steiner, seine Wohnung wurde untersucht, die Säule gefunden, der Kopf rollte heraus.

Neuda bekam zweieinhalb Jahre Haft, Keller »lebenslänglich« (wurde aber 1938 bedingt entlassen), und Steiner wurde ebenso zu »lebenslänglich« samt Dunkelhaft und hartem Lager verurteilt. Wann er gestorben ist, weiß man heute nicht mehr.

Adresse Jakob-Redtenbachergasse 7, 8010 Graz | **Anfahrt** einstiger Tatort (heute ein modernes Wohnhaus, von der Schandtat nichts mehr sichtbar) in der Nähe des Augartenparks links der Mur, fußläufig über die Schießstattgasse zu erreichen | **Tipp** Der Augarten ist neben dem Stadtpark ein unbedingtes Muss für Erholungssuchende. Hier finden auch immer wieder Veranstaltungen statt.

40 Das sprachlose Grauen

Worüber lange niemand sprechen wollte

Im Süden von Graz, in der Region Grünanger unweit des Fußballstadions, befinden sich vor allem Einfamilienhäuser umgeben von einem dichten Straßennetz. Doch unter den Kellern der Häuser liegt eine Wahrheit verborgen, die lange Zeit niemand hören wollte. Hier wurde 1940 ein Umsiedelungslager für »Volksdeutsche« errichtet. Das Lager V der Nationalsozialisten, besser bekannt unter Lager Liebenau, diente aber bald der Unterbringung von Zwangsarbeitern und galt als mörderische Station der ungarischen Juden, die ursprünglich für den Südostwall eingesetzt, im Frühling 1945 aber quer durch die Steiermark Richtung KZ Mauthausen getrieben wurden. Durch das Lager Liebenau wurden 5.000 bis 6.000 Menschen geschleust, und das, wie Historiker heute wissen, unter unmenschlichen Bedingungen. Den Menschen wurde jegliche medizinische Hilfe verweigert, 35 von ihnen wurden im April nachweislich erschossen und in Bombentrichter verscharrt. Einer von ihnen verlor nur deshalb das Leben, weil er sich eine Decke nehmen wollte. Die Identität der Ermordeten ist großteils unbekannt, da bei vielen aber Gebetbücher gefunden wurden, als man sie 1947 exhumierte, bestattete man die Leichen feierlich im Israelitischen Friedhof in Graz.

Erst Mitte der 90er Jahre machte eine Publikation der Historikerin Barbara Stelzl-Marx auf den Massenmord wissenschaftlich aufmerksam. Im Zuge des Murkraftwerkbaus veröffentlichte sie eine weitere Publikation, und es kam auch immer wieder zum Einsatz von Archäologen. Bis heute hält sich jedoch die Befürchtung, dass noch weitere Leichen auf dem Areal verborgen sind.

Die Täter von einst wurden 1947 zur Rechenschaft gezogen, ein britisches Militärgericht verurteilte eine Person zu drei Jahren Haft und zwei weitere zum Tode. Doch dann sprach niemand mehr darüber. Jahrzehntelang. Zuletzt versprach die Stadtpolitik im Frühling 2018, ein Mahnmal zu errichten.

Adresse Sozialmedizinisches Zentrum Liebenau (SMZ), Liebenauer Hauptstraße 141, 8041 Graz | Anfahrt vom Bahnhofgürtel kommend nach der Brauerei Puntigam links in die Puntigamer Straße / B 67 einbiegen, beim Südgürtel halb rechts einreihen, beim Kreisverkehr die dritte Ausfahrt (Liebenauer Straße) nehmen | Tipp Eine Stärkung nimmt man am besten im Hotel Römerstube (Liebenauer Hauptstraße 103, 8041 Graz, Tel. 0316/472066, www.roemerstube.at) zu sich.

41 Der Tod am Schießplatz

Die Kriegsgräuel vom Feliferhof

»Noch am offenen Grab soll die Schuld der Gemordeten getilgt werden«, gelobte Landeshauptmann Reinhard Machold im Jahr 1945 tief erschüttert von den Ereignissen. Denn in jenen letzten Monaten des Krieges wurde auch der Schießübungsplatz Feliferhof noch einmal zum Ort entsetzlichen Grauens.

Die Kriegsverbrechen der Nazis, die so viele Menschen wie möglich mit in den Tod reißen wollten, fanden hier am Buchkogel im Westen von Graz inmitten eines beschaulichen Mischwalds im Frühling 1945 einen zeitlos grauenvollen Höhepunkt. Schon zu Beginn des Krieges wurden hier am Handgranatenwurfstand Todesurteile an Militär- und Polizeiangehörigen vollstreckt. Ab 1943 ging die Guillotine im Landesgericht »in Betrieb«, doch ab Februar 1945 wurde der Feliferhof reaktiviert. Als Tötungsstation eines grausamen Regimes, das sein Ende kommen sah.

Vor allem im April und Mai des Jahres 1945 wollten die Schergen noch so viele wie möglich mit in den Untergang zerren. Das Chaos regierte. Weil im Landesgericht das Beil vergraben worden war, brachte man die Delinquenten in die SS-Kaserne, die heutige Belgierkaserne (siehe Ort 27), um sie zu erschießen. Die Opfer – 130 Leichen – wurden auf dem Areal des Feliferhofs verscharrt. Sechs Häftlinge hatten die Aufgabe, diese Löcher zu graben – als sie damit fertig waren, wurden sie selbst erschossen und hineingeworfen. Am 6. Mai folgten ihnen weitere sechs Häftlinge. Man spricht von 500 Opfern am Feliferhof.

Bereits am 16. Mai wurden diese Massengräber aber wieder geöffnet, Reinhold Machold war zugegen und gab das eingangs erwähnte Versprechen. Die Leichen wurden am Zentralfriedhof feierlich beigesetzt, eine Kommission wurde eingesetzt, die jedoch kaum Fortschritte bei der Aufklärung der Verbrechen machte. Erst 1980 wurde am Feliferhof, der heute noch eine Militärschießstätte ist und unter Denkmalschutz steht, eine Erinnerungstafel angebracht.

Adresse Schießplatz 1, 8052 Graz | **Anfahrt** Wanderweg über Plabutsch und Buchkogel nach Strassgang, Truppenübungsplatz kurz vor der Kirche St. Johann und Paul; mit dem Pkw über die Steinbergstraße (beim Gasthof Dorrer links einbiegen) direkt zum Feliferhof | **Öffnungszeiten** Anmeldung im Militärkommando Steiermark unter presse.steiermark@bmlvs.gv.at | **Tipp** Zur Stärkung geht man am besten ins Gasthaus Orthacker (Buchkogel 9, 8054 Graz, Tel. 0316/285482).

42 Der Tod im Keller

Eine Hinrichtungsstätte mitten in der Stadt

Im Keller des Landesgerichts Graz gab es keine Gnade. Hier richteten die Nazis 106 Menschen mit dem Fallbeil hin. Alles Flehen und Bitten nutzte nichts, tief unter der Erde wurde die Grausamkeit zum emotionslosen System. Hinter der schwarzen Metalltüre befindet sich heute eine Gedenktafel, die an die Opfer erinnert. Und – als grauenerregendes Mahnmal – das Fallbeil selbst.

Die Opfer waren vor allem Widerstandskämpfer wie die Grazer Hausfrau Helene Serfecz (1886–1943), die 1943 dabei erwischt wurde, wie sie für die Widerstandsgruppe »Rote Gewerkschaft« ein paar Reichsmark sammelte, um damit Familien von politischen Gefangenen zu unterstützen. Serfecz schrieb von der Zelle aus an ihre Enkelin, sang Lieder – und wurde geköpft. Der Tötungsmaschinerie fielen steirische, kärntnerische und slowenische Widerstandskämpfer zum Opfer – 14 Frauen und 69 Männer. Außerdem wurden 23 Deserteure und Wehrdienstverweigerer hingerichtet. In den letzten Kriegsjahren konnten weitere Hinrichtungen vermieden werden, weil der diensthabende Wachkommandant am 27. März 1945 das Fallbeil in einem Bombenkrater vergraben ließ. Die beiden letzten Opfer waren Josef Kröll und Willibald Piffrader, zwei Widerstandskämpfer aus Trofaiach.

Nach dem Krieg wurde kein einziger Beteiligter wegen dieser Todesurteile von den Volksgerichten juristisch belangt. Noch im Jänner 1946 wurden 44 Leichen still und heimlich vom Anatomischen Institut im Zentralfriedhof vergraben – ohne Opferverbände oder Angehörige zu informieren. Historiker bezeichnen den Umgang mit Tätern und Opfern nach dem Krieg als »skandalös«.

Erst 1966 wurde bei dem Massengrab am Zentralfriedhof ein Mahnmal errichtet, vier Jahre zuvor war im Landesgericht eine Gedenkstätte eingerichtet worden. Seit 2014 befindet sich hier auch eine Gedenktafel, auf der nicht nur die Namen der Delinquenten, sondern auch deren Biografien verzeichnet sind.

Adresse Landesgericht für Strafsachen, Conrad-von-Hötzendorf-Straße 41, 8010 Graz, Tel. 0316/8047 | ÖPNV Straßenbahn 4, 5, Haltestelle Landesgericht | Öffnungszeiten Mo–Fr 7.30–15.30 Uhr | Tipp Tolles Fotomotiv: Zwei Straßenbahnstationen stadtauswärts befindet sich das Grazer Messegelände mit der Stadthalle und dem Styria Media Tower.

43 Das Wahrzeichen

Heute Sehenswürdigkeit, einst Berg des Schreckens

Die Erhebung im Zentrum von Graz gilt heute als Postkartenmotiv und ist Pflichtbesuch für Touristen. Vor 200 Jahren aber war der Schloßberg nur ein kahler Felsen, auf dem sich die dicken Mauern einer romanischen Burganlage befanden. Diese Burg gab der Stadt auch ihren Namen, denn »gradec« bedeutet auf Slowenisch »kleine Burg«. Und sie steht im Guinness-Buch der Rekorde, denn sie wurde niemals erobert – überhaupt waren Napoleons Truppen 1809 die Einzigen, die es ernsthaft versuchten. Was den Grazern aber noch mehr Angst machte, waren die Katakomben unter diesen Mauern. Tief in den Fels geschlagen, befanden sich dort nämlich düstere Verliese – und die Geschichten, die aus jener Zeit erhalten sind, lassen einen schaudern.

Hier wurde im 18. Jahrhundert etwa Paul Reininger (1756–1788), der Herzerlfresser von Kindberg, gepeinigt (siehe Ort 60). Von Joseph II. (1741–1790) begnadigt, wurde der sechsfache Mörder an die Gitter eines Käfigs gehängt.

In den Kellergewölben des 1578 errichteten Schlosshauptmannshauses, die so groß waren, dass sie mit Fuhrwerken befahren werden konnten, soll auch Bischof Graf Nadasdy inhaftiert gewesen sein – 40 Jahre lang. Als er 1796 freigelassen wurde, setzte er sich auf einen Stein am Schloßberg und starb – der Stein nahe dem Chinesischen Pavillon heißt heute deshalb Bischofsstuhl. Diese Geschichte ist allerdings erfunden, den Mann hat es nämlich nie gegeben.

Vor allem zur Zeit der Gegenreformation war der Schloßberg voll von protestantischen Sympathisanten. Hier wurden politische und militärische Gefangene unter heute unvorstellbaren Bedingungen inhaftiert, erst unter Maria Theresia (1717–1780) wurden auch Schwerverbrecher in die Kasematten gesperrt. Nach der Schleifung des Schloßbergs durch die Franzosen im Jahr 1809 – er fiel durch einen Friedensvertrag an sie – wurden die Verbrecher in der Karlau untergebracht.

Adresse Grazer Schloßberg, 8010 Graz | ÖPNV Straßenbahn 4, 5, Haltestellen Schloßbergplatz (für Lift und Stiege) oder Schloßbergbahn für die Zahnradbahn | Tipp Graz Tourismus bietet jeden Samstag von 17.30 bis 18 Uhr eine Schloßbergführung an. Auch die Graz Guides haben den Schloßberg in ihrem Programm (Tel. 0316/586720).

44 Der grimmige Berg

Um diesen Berg ranken sich unzählige Geschichten

Schon in seinem Namen steckt ein bisschen von dem Grauen, das ihn umgibt. Der Grimming, ein sagenumwobener Felsen im Ennstal, ist mit 2.351 Metern der höchste frei stehende Berg Europas. Er ragt aus dem Boden wie ein fallen gelassener Steinbrocken und regte die Leute jeher zum Träumen an – und forderte ihren Wagemut heraus. Im 17. Jahrhundert standen Einheimische erstmals auf dem Gipfel, immer wieder kam es seither zu tödlichen Abstürzen und großen Erfolgen.

Um den grimmigen Berg rankt sich auch eine Unzahl an Sagen und Legenden. Stellvertretend für all die Geschichten rund um den aus dem Nebel ragenden Berg sei hier jene von der verzweifelten Braut erzählt. Eine Frau lief einst von Mitterndorf bis St. Martin am Grimming, um zu ihrer Hochzeit zu gelangen. Das arme Mädchen, das allein kam, denn niemand in ihrer Familie interessierte sich für sie, traf unterwegs einen Greis. Sie erzählte ihm ihre Geschichte, folgte ihm in seine Höhle und staunte, als sie dort sogar an den Wänden das Gold kleben sah. Sie nahm mit, was sie tragen konnte, und lief glücklich weiter. Nun konnte sie nicht nur sich selbst schmücken, sie hatte auch eine Mitgift für ihren Gemahl.

Doch in St. Martin angekommen, traf sie niemanden an. Keine Hochzeitsgäste. Keinen Bräutigam. Der Pfarrer in St. Martin, dem sich das Mädchen weinend anvertraute, schlug ein staubiges Buch auf und wies mit zitternder Hand auf eine Stelle darin. Dieselbe Geschichte sei in diesem uralten Buch niedergeschrieben, meinte er mit bebender Stimme. Damals habe eine Hochzeitsgesellschaft vergeblich auf die Braut gewartet. Es sei ein tragisches Ereignis gewesen, denn zeit seines Lebens habe der Bräutigam am Grimming nach seiner Braut gesucht, sie aber nie gefunden.

Das Mädchen rannte schreiend hinaus, und der Pfarrer starrte fassungslos auf den Grimming hinauf, diesen unheimlichen Berg, der so viele Geheimnisse barg.

Adresse Schloss Trautenfels, Trautenfels 1, 8951 Trautenfels, Tel. 03682/22233 | **Anfahrt** A 9 bis zur Ausfahrt Ennstalbundesstraße / B 320 bei Liezen, Schloss Trautenfels nach 20 Kilometern links – im mächtigen Schatten des Grimming | **Öffnungszeiten** 24. März – 4. Nov. Mo – So, Feiertage 10 – 17 Uhr | **Tipp** In unmittelbarer Nähe befindet sich die sehenswerte Ortschaft Pürgg. Das »Kripperl« der Steiermark ist nur zu Fuß begehbar.

45 Die letzten Überlebenden

Das Grauen des Jahres 1680

Die Angst ging um. Als eine Stainacher Prozession nach Pürgg marschierte, um für ihre Kranken zu beten, verriegelten die Pürgger die Tore. Denn alle wussten es: In Stainach war die Pest ausgebrochen. Die Leute vertrauten auf das Kauen von Wacholderbeeren, hofften auf die Wirkung von Pestwurz und Bibernell, dennoch starben in Stainach 26 Menschen, ehe man noch richtig etwas dagegen hatte tun können. Der Ort wurde abgeriegelt, Brücken wurden eingerissen, Pässe gesperrt, überall patrouillierten bewaffnete Flurwachen, streunende Hunde wurden sofort erschossen. Und dennoch: Die Seuche breitete sich aus, nichts konnte ihr Einhalt gebieten.

Wer konnte, floh jetzt in die Berge, und so war auch der Ort Gröbming bald nahezu entvölkert. Die Zurückgebliebenen pflegten sich verzweifelt gegenseitig. Auf einem nahe gelegenen Acker wurden die Leichen verscharrt. Auf der Kulmleiten, einer Kapelle, wurde der Gottesdienst abgehalten, doch die Gläubigen durften nicht näher kommen, standen weit voneinander getrennt, damit sich die Krankheit nicht ausbreiten konnte.

Dennoch griff das Pestfieber um sich, raffte einen nach dem anderen dahin. Die letzten beiden Überlebenden waren Pfarrer Michael Grabenz und der Totengräber. Man sagt heute, dass man ihre Leichen unbegraben auf dem Acker gefunden hat. Es war niemand mehr da, der sie hätte beerdigen können.

Als die Leute schließlich aus den Bergen zurückkehrten und feststellten, dass die Seuche vorüber war, setzten sie die Leiche des Pfarrers im Kirchhof bei. Hier erinnert ein Denkmal an den tapferen Mann, der sich bis zuletzt der Todgeweihten angenommen hatte. Zur Erinnerung an das verheerende Seuchenjahr wurde auf der Kulmleiten später eine Pestglocke errichtet. Eine Mariensäule am Hauptplatz von Gröbming – gestaltet vom Künstler Johann Franz Pernegger dem Älteren (1634–1720) – erinnert noch heute an die schwere Zeit.

Adresse Tourismusverband Gröbminger Land, Hauptplatz 57, 8962 Gröbming, Tel. 03685/22590 | **Anfahrt** Ennstalbundesstraße / B 320 nach Gröbming, von Gröbming Kulmleitenstraße bis zur Kulmleiten (Anhöhe linker Hand) | **Tipp** Im Abenteuerpark Gröbming können Sie von Mai bis Oktober Ihren Mut beweisen (Stoderstraße 114, 8962 Gröbming, Tel. 03685/22245, www.abenteuerpark.at).

46 Die tollkühnen Männer

Vom harten Flößer-Gewerbe auf der reißenden Salza

Was heute aufregende Freizeitbeschäftigung ist, war früher beinharte Arbeit. Statt Rafting und Paddeln stand einst das harte Geschäft der Flößer an der Tagesordnung auf der Salza, denn vor der Errichtung von Eisenbahnen war der Holztransport auf Flüssen oft der einzig mögliche. Immer wieder kam es dabei zu Unfällen mit traurigem Ausgang, mancher Flößereinsatz endete dramatisch. 1508 wurde in Großreifling deshalb auch die dem heiligen Nikolaus, dem Schutzpatron der Schiffer und Flößer, geweihte Kirche gebaut.

Im Jahr 1574 entschloss sich die waldreiche Region zu einem aufsehenerregenden Bauwerk: Ein 571 Meter langer Holzrechen quer über die Enns wurde errichtet – das größte Projekt seiner Art in ganz Europa. Die Holzstämme wurden zuvor in den Fluss geworfen und von diesem bis zum Rechen in Großreifling geschwemmt. Dieser Rechen war bis zu seiner Zerstörung durch ein Hochwasser 1861 in Betrieb.

Auf der Salza waren auch Flößer unterwegs, die das Holz Richtung Enns lotsten, was auf der stürmischen Salza durchaus gefährlich war. Flößer banden dabei die Holzstämme zu Flößen und führten das Material weiter. Dies war ein überaus gefährlicher Beruf, der enormes Geschick und eine hohe Kenntnis der Windungen und Strömungen des Wassers abverlangte. Auf diese Weise wurden oft mehr als 40 Festmeter Holz befördert. Solche Flöße wurden mit vier Rudern gesteuert, die vom Floßmeister (rechts vorne), dem Stutzknecht (links vorne) und den Sturern (hinten) bedient wurden. Felsriffe und allerhand Kehren und Klausen machten die Fahrt mitunter zum geradezu halsbrecherischen Unterfangen. Die Enns floss nach dem Rechen schließlich wesentlich ruhiger weiter, und nach zwölf Kilometern erreichten die Flößer ihr Ziel in Weißenbach-St. Gallen. Auf der Salza wurde die Flößerei erst im Jahr 1952 eingestellt. Die Aura eines reißenden Flusses hat sie aber nicht verloren.

Adresse Gemeindeamt Landl, Kirchenlandl 64, 8931 Landl, Tel. 03633/2201 | **Anfahrt** über die A 9, Ausfahrt 129 Traboch, dann auf der B 115 nach Großreifling | **Tipp** Die im 16. Jahrhundert errichtete Flößer-Kirche in Großreifling (Gemeinde Landl, Bezirk Liezen) steht unter Denkmalschutz.

47 Carmilla

Wie Draculas Vorgängerin lebte

»30 Meilen von Graz gegen Osten« erlebt die junge Laura einen Horrortrip. Sie bewohnt mit ihrem Vater das Schloss Karnstein, eines Tages hat das sechsjährige Mädchen aber einen schlimmen Traum – es wird von einem Wesen gebissen.

Zwölf Jahre vergehen, als nach einem Unfall mit einer Kutsche ein junges Mädchen ins Schloss gebracht wird. Laura und das Mädchen namens Carmilla freunden sich an, hatten offenbar beide in der Kindheit dieselben Alpträume, finden auch sonst viele Gemeinsamkeiten. Eines Tages bemerkt Laura allerdings, dass Carmilla dem Bildnis auf einem alten Familienporträt aufs Haar gleicht. Es zeigt die Gräfin Millarca von Karnstein; außerdem plagen Laura wieder die Alpträume von einst. Der Vater fährt mit dem Kind zur Erholung ins Dorf Karnstein, wo er von einem bekannten Offizier erfährt, dass dessen Nichte dieselben Symptome aufwies wie Laura. Ein Arzt sei in diesem Fall überzeugt davon gewesen, dass hier ein Vampir sein Unwesen treibe. So beschließen die beiden, zum Friedhof zu fahren und der Leiche der Gräfin Millarca den Kopf abzuschlagen. Doch Carmilla taucht auf, ein Kampf entbrennt, und plötzlich klärt sich auch das letzte Rätsel – Carmilla ist ein Anagramm von Millarca. Als sie das Grab der Gräfin schließlich öffnen und den Vampir vernichten, endet der Alptraum.

Es war im Jahr 1872, als diese Novelle des irischen Autors Sheridan Le Fanu in der Zeitschrift »The Dark Blue« erschien und sofort für Furore sorgte. Diese Geschichte gilt als Anstoß zu Bram Stokers Dracula-Roman (1897), der ursprünglich ebenfalls in der Steiermark angesiedelt war. Stokers gestrichenes erstes Kapitel erschien 1914 als Kurzgeschichte »Draculas Gast« und handelt von einer Walpurgisnacht in der Nähe von München.

Auf einem Grabstein steht: »Gräfin Dolingen zu Graz in der Steiermark, gesucht und tot aufgefunden, 1801«. Carmilla gilt somit als Draculas Ursprung.

Adresse Schloss Hainfeld, Leitersdorf 1, 8330 Leitersdorf im Raabtal | **Anfahrt** Süd-Autobahn (A 2), Ausfahrt 157 Gleisdorf, B 68 in Richtung Gleisdorf-Süd fahren, von dort auf die Gleichenberger Straße / B 66, im Kreisverkehr in Feldbach zweite Ausfahrt auf die Güssinger Straße nehmen – Hainfeld nach einem Kilometer auf der linken Seite | **Öffnungszeiten** Das Schloss ist in Privatbesitz und nur von außen zu besichtigen. | **Tipp** Das Gerberhaus von Fehring ist ein Kulturzentrum, das preisgekrönt saniert wurde (Verein Gerberhaus, im Rathaus, Grazerstraße 1, 8350 Fehring, Tel. 03155/2303).

48_Die letzte Hinrichtung

Beim Urteil lachte der vielfache Mörder

Verzweifelt stemmt sich der Landwirt Josef Hufnagl auf seinem Hof in Hürth bei Halbenrain gegen die Kellertür. Es ist der 7. Jänner 1948, ein Fremder war kurz zuvor gekommen, es gab Streit, der Mann ging weg und kehrte wieder – mit einer Maschinenpistole in der Hand. Hufnagl hat keine Chance. Der Fremde feuert durch die Tür, Kugeln treffen seinen Bauch. Doch für das Opfer ist das Martyrium nicht zu Ende. Der Fremde schlägt mit einer Schaufel auf den Schwerverletzten ein und wirft ihn in einen Tümpel, wo er letztlich ertrinkt. In der Zwischenzeit taucht Hufnagls Tochter auf, sie will helfen, doch der Täter schießt ihr ins Herz. Die Mutter stirbt kurz darauf durch einen Kopfschuss – sie hatte gehofft, im Bett unter der Decke unentdeckt zu bleiben.

Später wird vermutet, Hufnagl habe seine Familie ermordet. Bis seine Leiche auftaucht, als der zugefrorene Tümpel auftaut. Die Gendarmerie von Tieschen erfährt erst jetzt, dass zwei Jahre zuvor in Kapfenstein ein ähnliches Verbrechen verübt worden war, doch in den Wirren der Nachkriegszeit war diese Tat untergegangen. Jetzt gibt es landesweiten Alarm, und durch diverse Indizien sind die Behörden auch sicher, wer der Mörder ist: Franz Löcker aus Premstätten im Bezirk Graz-Umgebung.

Dennoch kommt es zu einem weiteren Mord. Löckers ehemalige Freundin, das »Himergamperl«, Johanna Ulrich aus Gieseldorf bei St. Anna am Aigen, wird von seiner Maschinenpistole niedergestreckt. Endlich dann, am 8. Juni 1948, erkennt ein Gendarm Löcker im Zug, doch der Verbrecher springt aus dem fahrenden Waggon. Erst drei Tage später wird er in Hausmannstätten von Gendarmen gestellt. Als er fliehen will, stoppen ihn Schüsse ins Bein und in die Schulter.

Franz Löcker wird in Graz zum Tod durch Erhängen verurteilt. Beim Urteilsspruch soll er gelacht haben. Seine Hinrichtung am 14. Juli 1949 ist die letzte, die in der Steiermark vollzogen wird.

Adresse Gemeindeamt Marktgemeinde Halbenrain, Halbenrain 220, 8492 Halbenrain, Tel. 03476/2205 | **Anfahrt** Hürth (Ansammlung von Häusern, die sich um die Weggabelung von Dorfstraße, Schantlweg und Fischaweg gruppieren) über die A 9 (Ausfahrt 226 Gersdorf) und die B 69 in Richtung Gersdorf erreichbar | **Tipp** Nach dem Tatortbesuch braucht's Entspannung: Die Parktherme Bad Radkersburg (Alfred-Merlini-Allee 7, 8490 Bad Radkersburg, Tel. 03476/26770, www.parktherme.at) bietet sich dafür hervorragend an.

49 Die Schädel der Hajduken

Was Altstadtmauern zu erzählen haben

Im Jahr 1605 grassierte die Angst. Die Hajduken, eine räuberische Bande aus den ungarischen Tiefebenen, hatten bei St. Gotthard die Raab überquert und Mogersdorf überrannt. Jetzt zogen sie plündernd und mordend durchs Land. Die Leute flohen bis nach Graz, das sich – wie auch Frohnleiten im Norden – per Dekret am 30. Mai in Wehrbereitschaft setzte. So weit kamen die Hajduken zwar nicht, sie fielen jedoch mit unglaublicher Geschwindigkeit über die Dörfer der Oststeiermark her. Als die Hajduken ins Safental eindrangen, hatten sie bereits innerhalb von sechs Tagen 52 Dörfer überrannt. Darunter waren auch Schlösser wie Neudau und Burgau und größere Ortschaften wie Söchau und Kaindorf. In Untermayerhofen und Neuberg kamen 15 Personen ums Leben, und am 4. Juni 1605 standen die Hajduken vor Hartberg. Und sie hielten es mit der Stadt wie mit den Dörfern zuvor. Gegen 2.30 Uhr in der Früh griffen die Horden ohne lange Belagerungstaktik einfach an.

Doch die Bewohner, angeführt von den Landprofossen Wolf Göderl und Hans Christoph von Paar, wehrten sich tapfer und schafften es, beim sogenannten Ungarntor drei Stunden lang die Angriffe abprallen zu lassen, ehe die Reiterhorde das Weite suchte. Weil die geschlagenen Hajduken ihre Verwundeten und Gefallenen nicht mitnahmen, gelang es den Hartbergern – ganz den damaligen Gebräuchen entsprechend –, sechs Hajduken den Kopf abzuschlagen, sie auf Spieße zu stecken und damit die Stadtmauern zu »zieren«.

Kein Wunder, dass sie damit die Angreifer bis aufs Blut reizten und einen Vergeltungsschlag provozierten, doch abermals hatten die Hartberger das Kriegsglück auf ihrer Seite und wehrten den Angriff ab.

Auch wenn die Hajduken noch etliche Dörfer der Umgebung wie etwa das Schloss Klaffenau niederbrannten und plünderten – am 5. Juni desselben Jahres war die Gefahr vorüber und die mörderische Bande wieder zurück in Ungarn.

Adresse Rathaus Hartberg, Preßlgasse 10, 8230 Hartberg, Tel. 03332/6030 | **Anfahrt** Süd-Autobahn (A 2), Ausfahrt 116 Hartberg und über die B 50 bis Hartberg, Parkplatz in der Brühlgasse unter dem Schloss (Herrengasse 1) im Zentrum | **Öffnungszeiten** Die Reste der einst gegen die Angreifer gehaltenen Stadtmauer sind heute frei zugänglich. | **Tipp** Der Ökopark Hartberg bietet Wissbegierigen Abenteuer im Umweltgewerbepark und garantiert Aha-Erlebnisse (Am Ökopark 10, Tel. 03332/62250151, www.oekopark.at).

50 Die Todesaura

Widerstand, von dem heute kaum noch jemand weiß

Es war beinahe so, wie man sich mittelalterliche Hinrichtungen vorstellt. Im Angesicht zahlreicher Schaulustiger wurden am Hauptplatz von Hartberg acht Menschen umgebracht – erschossen am 4. Mai 1945.

Bereits im Herbst 1944 begann sich eine Gruppe um den Wehrmacht-Deserteur und ehemaligen Heimwehrler Gustav Pfeiler in Staudach und Stambach zu formieren. Die rund 40 Personen lebten im Untergrund, es handelte sich um Deserteure und Volkssturmangehörige, die das drohende Ende des Dritten Reichs zu beschleunigen gedachten. Sie lebten in den Bergen, wurden heimlich und mehr oder weniger freiwillig von Bauern versorgt und gingen ab März 1945 zum bewaffneten Widerstand über. Sie zerstörten Flugzeuge und griffen den SS-Ortsgruppenleiter Erich Heumann auf einem Bauernhof eines Bekannten an. Bei dieser Stürmung am 7. April wurde Heumann schwer verletzt, seine Angehörigen getötet.

Doch jetzt zeigte auch die SS keine Gnade. Die Widerstandskämpfer – ihre Gruppe war mittlerweile auf über 300 Personen angewachsen – wurden verfolgt, Kollaborateure ausgeforscht. Viele Bauern wurden verhaftet, am 4. Mai zum Tode verurteilt – am Hauptplatz fanden die Erschießungen statt. Dabei konnte ein Mann fliehen, kam jedoch nicht weit und wurde vor der Mariensäule erschossen. Vier weitere Personen erhängte die SS an diesem Tag an Laternen. Drei Tage später rückte die Rote Armee an, auf ihrer Flucht erschossen SS-Einheiten noch weitere Widerständler. Bis zum letzten Tag nahm das Morden kein Ende.

Pfeiler überlebte, wurde später Leiter der Liga der Demokratischen Freiheitskämpfer und hielt auch eine Rede, als im Jahr 1946 eine Grabanlage samt Gedenkstein für die Opfer seiner Truppe eingeweiht wurde. Doch auf diesem Gedenkstein stehen bis heute lediglich die allgemein gehaltenen Worte »Zum Gedenken an die Opfer der letzten Kriegstage 1945«. Vom Widerstand weiß heute kaum noch jemand.

Adresse Friedhof Hartberg, Friedhofsweg, 8230 Hartberg – Grabanlage links vom Haupteingang | Anfahrt Süd-Autobahn (A 2), Ausfahrt 127 Bad Waltersdorf, danach L 401 über Unterbuch, Oberbuch und Fürstenfelder Straße bis zum Friedhofsweg | Tipp Von hier aus lassen sich die Schlachtfelder von einst erahnen: Die Ringwarte (1906 erbaut) Hartberg befindet sich auf dem Ringkogel (795 Meter), in der Schutzhütte gibt's Jausen (Tourismusverband Hartberg, Tel. 03332/665050, www.hartberg.at).

51 Das Körperlager

Sie sind Lebensretter über den Tod hinaus

Der Grat zwischen Leben und Tod, Grauen und Wissen ist selten so schmal wie in der Wissenschaft. In Österreich ist es möglich, seinen Körper nach dem Ableben der Forschung zu widmen, »denn nur wer am menschlichen Körper lernt, lernt wirklich«, heißt es am Institut für Anatomie an der Universität Graz.

Hier, im Keller der Vorklinik, so wird der erste Ausbildungsabschnitt angehender Ärzte genannt, befinden sich hinter einer Doppelflügeltür drei etwa vier mal vier Meter große Käfige, die in mit einer einzigartigen Substanz gefüllte Bottiche getaucht sind. Einzigartig deshalb, weil diese Konservierungsflüssigkeit in Graz entwickelt wurde und mittlerweile weltweit Anwendung findet. Ein Kran hievt die Käfige hoch, die Flüssigkeit rinnt zwischen den Gitterstäben hindurch, und zum Vorschein kommen eine Unzahl ineinander verkeilte Leichen. Deren Gesichtszüge haben durch diese spezielle Lösung, von der ihnen auch etwa 15 Liter gespritzt worden sind, alles Individuelle verloren. Haarlos und aller menschlichen Züge abhandengekommen, rutscht ab und zu ein Arm oder Bein zwischen den Gitterstäben hindurch.

Dies ist das menschliche Ersatzteillager der Wissenschaft, anhand dieser Körper ist es Medizinstudenten oder auch Ärzten vor schwierigen Operationen möglich, am echten Körper zu üben. Was im ersten Moment Laien und Nicht-Medizinern abstoßend erscheint, rettet später also oftmals Leben.

Dabei wird am Institut, das jahrelang vom 2018 verstorbenen Professor Friedrich Anderhuber geleitet wurde, so würdevoll wie möglich mit den Leblosen umgegangen. Es gibt einen Verabschiedungsraum für Angehörige und einen eigenen Friedhof, der sich in der Gemeinde Haselsdorf-Tobelbad befindet. Hier werden die sterblichen Überreste nach deren wissenschaftlicher Verwendung endgültig beigesetzt. Gepflegt wird der Waldfriedhof von der Universität, die Spender werden in ein Ehrenbuch eingetragen.

Adresse Waldfriedhof Tobelbad, Karl-Hohl-Straße 25, 8144 Haselsdorf-Tobelbad; Tobelbader Waldfriedhof an der Ecke Haselsdorferstraße/Karl-Hohl-Straße | **Anfahrt** B 70 von Graz nach Tobelbad, in der Talsenke im Ort scharf rechts abbiegen und den Berg hinauf bis zum Friedhof fahren | **Tipp** Wer seinen Körper nach dem Ableben ebenfalls der Wissenschaft zur Verfügung stellen will, kann sich unter folgender Telefonnummer melden: Tel. 0316/3804210. Man erhält dann einen Ausweis, den man immer bei sich tragen sollte.

52 Das Gespenst

Ein Exorzist beendete das sinistre Treiben

Die Aktenlage ist leider dürftig, es gibt nur zwei erhalten gebliebene Dokumente, so viel ist aber gewiss: Ein Wahrsagegeist trat im Winter des Jahres 1619 in einem Jägerhaus von Hausmannstätten in Erscheinung. Dieses Anwesen befand sich im Besitz der Herrschaft Vasoldsberg und wurde von Maria von Kronegg († 1640) verwaltet. Doch die Frau dürfte bald verzweifelt sein, denn rasch verbreitete sich die Kunde von dem Geist, der die geheimnisvolle Macht hatte, allerhand über die Zukunft der Leute und den Verbleib von Verstorbenen zu berichten.

Maria von Kronegg war nicht mehr Herrin der Lage und schrieb dem steirischen Landeshauptmann, Sigmund Friedrich Freiherrn von Herberstein (1549–1621), dass sich »ein Gaist oder Gespenst bey Haußmannstötten in eines Jägers Hauß hörn hat lassen«. Sie habe auch den Erzpriester der Steiermark gebeten, der Priester von Fernitz möge baldigst von der Kanzel auf die Leute einwirken und darauf hinweisen, dass es bei »schwärer Straff« verboten sei, sich dem Gespenst zu nähern. Der Fernitzer Pfarrer Caspar Mayer hat »im Beisein vieler Personen«, wie es in historischen Berichten heißt, gleich selbst mit dem Gespenst gesprochen und wandte einen Exorzismus an. Erfolgreich, wie er verbreiten ließ.

Um künftig Besucher fernzuhalten, drohte die Hausbesitzerin nun damit, das Haus niederbrennen zu lassen, sollten es noch einmal Leute wagen, nach dem Gespenst zu suchen und von ihm Antworten auf ihre Fragen zu erhoffen. Als die Hausherrin schließlich am 9. April 1619 jenen bis heute erhaltenen Brief verfasste, dürfte es tatsächlich ruhig um das Jägerhaus geworden sein. Der Geist schien vertrieben.

Jedenfalls sind bis heute keine weiteren Gespenster-Geschichten aus Hausmannstätten aufgetaucht – das Jägerhaus existiert auch nicht mehr. Ob sie es also schlussendlich doch verbrannt hat? Weil der Geist zurückkehrte? Und wenn ja, wo ist er heute?

Adresse Gemeindeamt, Marktplatz 1–2, 8071 Hausmannstätten, Tel. 03135/46130 | **ÖPNV** Verbund-Linien 500, 510, 521 und 560 | **Anfahrt** Kirchbacher Straße B 73 bis in den Vorort im Süden von Graz | **Tipp** Der Generationenpark im Ortszentrum ist ganzjährig geöffnet und frei zugänglich.

53 Die legendäre Hengistburg

Sie war 200 Jahre lang Zentrum der Steiermark

Mittelalterliche Urkunden bezeichnen den Höhenzug von Buchkogel, Wildoner Berg, Schlossberg und Bockberg als »Hengist«. Manche Experten gehen davon aus, dass das Hochschloss Wildon im 12. Jahrhundert auf den ausgebrannten Resten einer der bedeutendsten Wehranlagen der Steiermark errichtet wurde: der Hengistburg. Im Jahr 1976 wiederum wurden bei der Renovierung der Pfarrkirche von Hengsberg Burgfundamente und eine Gruft entdeckt. Ob nun in Wildon oder doch in Hengsberg, einerlei, diese sagenumwobene Burg – man erzählt sich, sie soll wegen ihrer enormen Mauerstärke von Riesen erbaut worden sein – war einst Sitz der Grafenresidenz für den Hengistgau in der Karantanischen Mark und wohl auch Hauptwarte für deren gesamten Osten. Die Burg war von Gräben, Erdwällen und Palisaden umgeben und stellte ein weithin bekanntes Bollwerk dar.

Schon zur Zeit der Karolinger war sie bedeutend, so hatte hier etwa 892 König Arnulf (um 850–899) eine Unterredung mit dem Slawenfürsten Brazlaw von Sissek. 1053 nutzten die Ungarn ein Machtvakuum und fielen in die Steiermark ein – dabei besetzten und zerstörten sie auch die Hengistburg.1066 ging die Anlage ans Erzbistum Salzburg, exakt 100 Jahre später in den Besitz von Ottokar III. von Steyr († 1164). Einige Zeit sah es so aus, als würde die Hengistburg und mit ihr der strategisch günstig gelegene Raum Wildon zum Zentrum der Steiermark werden – schließlich verlagerte Ottokar III. seinen Stützpunkt aber doch nach Graz, und die Hengistburg verlor damit endgültig an Bedeutung. Ihre rund 200 Jahre andauernde Machtstellung geriet zunehmend in Vergessenheit – und wie gesagt, heute ist man sich nicht einmal sicher, wo genau sie lag. Die Gemeinden Lebring-St. Margarethen, Weitendorf, Hengsberg, Wildon und Lang haben sich in den letzten Jahren zusammengeschlossen – ihr »Kulturpark Hengist« erinnert an die Vergangenheit.

Adresse Hengist-Museum in Wildon: Schloss Wildon, Hauptplatz 55, 8410 Wildon, Tel. 0676/5300575 | Anfahrt über die A 9 bis Ausfahrt 202 Wildon | Öffnungszeiten Mi 17–18 Uhr, So 10–13.30 Uhr | Tipp Im Hengistburgmuseum und in der Volkskundlichen Sammlung Hengsberg taucht man tief in die Ursprungsgeschichte der Steiermark ein (Hengsberg 4, 8411 Hengsberg, Tel. 03185/220312, Eintritt nach telefonischer Vereinbarung).

54 Die Irrwurzen

Von den Gefahren am Scheucheck

Das Scheucheck ist nicht nur bekannt für seine großen Schwarzbeeren-Vorkommen. Vor allem die Wälder am Nordhang sind berüchtigt, ja geradezu gefürchtet, denn im Wurzelwerk versteckt sich immer wieder eine ganz heimtückische Pflanzenart, die Irrwurzen genannt wird. Diese Pflanzen sind für den Menschen unsichtbar, doch wer auf sie tritt, verliert vollständig die Orientierung, kommt vom Weg ab, verirrt sich hilflos. In manchen Legenden wird diesen Pflanzen sogar so etwas wie ein Gewissen angedichtet. So erzählt eine Geschichte von Kindern, die eines Tages auf so eine Irrwurzen gestiegen sind und daraufhin weinend und schluchzend durch den Wald irrten, während es den Eltern zu Hause vor Gram wohl kaum besser ging.

Doch die Kinder hatten Glück, denn während andere Leute oft tage- und nächtelang durch die Wälder irren mussten, hatte die Pflanze diesmal Erbarmen. Als die Kinder Braschen aufklaubten – also Holzkohleabfälle, die sie mit nach Hause bringen wollten, um die sich bestimmt Sorgen machenden Eltern später zu besänftigen –, tauchte plötzlich der Waldweg vor ihnen auf. Sie konnten ihr Glück kaum fassen, nahmen die Beine in die Hand und liefen heim. Dort angekommen, leerten die Kinder ihre Taschen, freuten sich über die Schwarzbeeren – und über die Silbertaler, die statt der Braschen auf den Boden kollerten.

In Hieflau behaupten die Leute, diese Irrwurzen seien das böse Spiel von Waldmandln, die sich einen Spaß daraus machten, die Leute zu beobachten, wenn sie verzweifelt umherirrten.

Ähnliche Pflanzen wachsen übrigens im Salzkammergut (wo man auf eine zweite Irrwurzen treten muss, will man je wieder heimfinden), und auch bei Röthelstein ranken sich zahlreiche Geschichten um die legendäre Irrwurzen. Bis heute hat sie übrigens noch niemand gepflückt, deshalb sagt man leichthin, sie sei unsichtbar – doch wer weiß wirklich, ob das stimmt?

Adresse Tourismusverband Leoben, Hauptplatz 3, 8700 Leoben, Tel. 03842/48148 | **Anfahrt** über die A 9 und die B 115 (Eisenstraße) nach Hieflau im Naturpark Gesäuse, Scheucheck kurz vor Hieflau linker Hand 1.001 Meter aufragend | **Tipp** Das Schloss Röthelstein, ein frühbarockes Anwesen am Hang des Klosterkogels, ist eine Besichtigung wert. Heute wird es als Jugendgästehaus genutzt (www.jufa.eu/hotel/roethelstein).

55 Der Mord der Stradafisel

In Hirschegg endet das Glück der Bande

Die Frau wurde gefesselt und mit einem Leintuch am Kopf bedeckt, damit sie keinen der Räuber später verraten konnte. Die vier Männer ließen die 64-jährige Magd links liegen, nahmen mit, was sie brauchen konnten, und verließen den Hof fluchtartig. Es waren Mitglieder der berüchtigten Stradafisel, einer Tiroler Diebesbande, die wieder einmal zugeschlagen hatte. Diesmal in Hirschegg in der Weststeiermark.

Die Stradafisel gingen dabei vor, wie sie es immer taten. Eine erste Gruppe kundschaftete das Ziel aus und hinterließ geheime Zeichen, sogenannte Gaunerzinken. Die zweite Gruppe orientierte sich daran, überwältigte die Leute, tat ihnen aber nichts zuleide. Nach ihren Raubzügen stürmten sie davon und legten dabei enorme Tagesmärsche zurück. Oft rannten sie über Landesgrenzen hinweg und bedienten sich dabei eines Netzes von geheimen Unterschlüpfen wie etwa dem Kupferschmiedhäusel und der Türkenkeusche bei Oberzeiring oder dem Bandlkramerwirt in Leoben.

Doch in diesem Fall ging etwas schief. Denn zwei Tage später wurde die Leiche der Magd entdeckt. Sie war in dem Leintuch erstickt.

Der Unfall ereignete sich 1821, und im selben Jahr begann nun auch die unerbittliche Jagd auf die Stradafisel. In Oberzeiring wurden sechs Mitglieder der Bande festgenommen. Drei konnten zwar aus dem Arrest fliehen, die anderen drei lieferten aber wertvolle Hinweise. So kam es 1822 zu einer großen Polizeiaktion, angeführt von Bannrichter Johann Christian Gräff. Wie schwer er es hatte, zeigen die steckbrieflichen Suchaktionen: Sie sprechen am 31. Oktober 1822 von 53 Personen, Gräff ging später davon aus, dass die Stradafisler 450 Personen umfassen mussten. Die Gefängnisse füllten sich, und auch wenn immer wieder Gefangene befreit wurden, zuletzt verhängte das Gericht drei Todesurteile, die tatsächlich vollstreckt wurden, sowie sechs lebenslange Freiheitsstrafen. Es war das Ende der Stradafisel.

Adresse Hirschegg 24, 8584 Hirschegg-Pack, Tel. 03141/2207 | **Anfahrt** über die Süd-Autobahn (A 2) bis zur Ausfahrt 224 Modriach, vorbei an Herzogberg-Stausee und Oberem Kreuzberg bis Hirschegg | **Tipp** Diese Region lädt zum Verweilen ein. Dazu bietet sich etwa der wildromantische Campingplatz mit Wohnungen bei Familie Knoef an (Tel. 03141/2201, www.camping-hirschegg.at).

56 Die Fuchtelmänner

Die verfluchten Grenzsteinleger

Fuchteln ist ein steirischer Ausdruck für das hektische Fächern mit den Armen. »Was fuchtelst denn so herum?«, ist ein gängiger Ausspruch für gar zu fahrige Leute. Das klingt harmlos und lustig, doch wer richtige Fuchtelmänner auf den Bergen im Hochschwab-Gebiet sieht, der sollte gar nichts mehr lustig finden. Der sollte lieber Reißaus nehmen und darauf hoffen, dass sie ihn nicht bis in die tiefsten Träume verfolgen. Oder aber der, der bleibt, reißt sich zusammen und rettet sie aus ihrem Fluch.

Denn Fuchtelmänner sind die ruhelosen Seelen jener Menschen, die zu Lebzeiten nichts anderes zu tun hatten, als Grenzsteine zu versetzen. In ihrer Gier nach mehr Land stiegen sie des Nachts durchs Unterholz und vergrößerten heimlich ihre Grundstücke. Auf diese Weise rafften sie mehr Besitz an sich, verschafften sich Ansehen und eine breite Brust. Doch auch wenn im irdischen Leben niemand dieses Betrugs gewahr wurde, so holte sie im Jenseits die Wahrheit ein.

Bis heute ziehen auf Ebenstein, Brandstein, Messnerin, Pribitz und all den anderen Bergen des Hochschwabs solche Betrüger als Geistwesen dahin und rufen verzweifelt immerzu dieselben Worte in die Nacht: »Wo leg ich ihn hin? Wo leg ich ihn nur hin?« Wenn man nun den Mut aufbringt, nicht Hals über Kopf davonzulaufen, und sich der Gänsehaut erwehrt, die einen unweigerlich umgibt, dann kann man sich den Fuchtelmännern nähern. Sie starren einen mit funkelnden Augen an, sitzen gehetzt auf Felsen, schwer atmend, keuchend. Doch keine Angst, rufen Sie ihnen folgende Worte zu: »Leg ihn hin, wo du ihn genommen hast.« Nicht mehr. Und im selben Moment wird der Spuk vorbei sein.

Und wenn man Glück hat, wird ein dankbarer Blick eines Fuchtelmannes das Letzte sein, was man von ihm gesehen hat. Meist jedoch verschwinden sie einfach. Wortlos. Ohne Dank. Einfach fort. Zurück bleibt nur eine glasklare, stille Nacht.

Adresse Schiestlhaus am Hochschwab, 8636 Seewiesen, Tel. 0699/10812199 | **Anfahrt** Start einer der möglichen Routen am Gasthaus Bodenbauer (mit Pkw von Kapfenberg über Thörl erreichbar), weiter übers G'hackte bis zum Schiestlhaus | **Öffnungszeiten** Mitte Mai–26. Okt. | **Tipp** Der Tourismusverband Hochsteiermark bietet Picknicks am Grünen See und auf der Aflenzer Bürgeralm an (Tel. 03862/55020, www.hochsteiermark.at).

57 Der Bergsteigerfriedhof

Alpine Heldengeschichten auf dem Gottesacker

Das Gesäuse ist ein 17 Kilometer langes Engtal, das heute als »Universität des Bergsteigens« bezeichnet wird – und Johnsbach gilt als sein Kletterparadies schlechthin. Doch bei einem Besuch der 200-Seelen-Gemeinde bleibt einem auch die düstere Seite des Sports nicht verborgen, denn der Bergsteiger-Friedhof im Ort ist der größte seiner Art in ganz Österreich. Neben den Verstorbenen aus dem Ort gedenkt man hier auch mit 59 Grabkreuzen den Bergsteiger-Toten. Hier ruhen alpine Helden wie etwa der Maler Gustav Jahn (1879–1919), der 1919 an der Ödsteinkante abstürzte. Der erste Bergtote wurde am 24. Juni 1885 in Johnsbach bestattet. Es war der Buchhändler Josef Herzmann aus Wien (1859–1885), der an einer »Zerschmetterung des Schädels infolge Abstürzens vom Felsen« gestorben war.

Vom Friedhof aus ist der Große Ödstein zu sehen, das beeindruckende Panorama macht die Geschichten, die die Grabsteine erzählen, verständlicher – ihre Leidenschaft und die tollkühnen Abenteuer, die ihnen vorangegangen waren. Und die majestätischen Berge der Umgebung kommen auf den Grabsteinen auch immer wieder vor – Reichenstein, Hochtor, Totenköpfl –, sie alle brachten den Waghalsigen den Tod. Die Geschichten an den Kreuzen und Steinen berichten von Lawinenabgängen, Steinschlägen und Blitzschlägen. Manchmal zeigt auch ein Foto den Verstorbenen, etwa Adolf Eichberger, der mit 18 Jahren 1950 am Totenköpfl abgestürzt ist, oder die Freunde Karl Winter und Karl Schwarz, die am 21. Oktober 1921 am kleinen Puchstein zu Tode stürzten.

Doch nicht alle Bergkameraden sind Opfer des Gesäuses, manche Tafeln erinnern auch an Alpinisten, die im Himalaya oder in den Anden umgekommen sind. Heute steht der Gottesacker von Johnsbach als Kulturerbe unter Denkmalschutz – und in der Kirche ist das Büchlein »Der Bergsteigerfriedhof von Johnsbach« von Josef Hasitschka zu erwerben.

Adresse Bergsteigerfriedhof, Johnsbach 1, 8912 Johnsbach | Anfahrt auf der A 9 bis Ausfahrt 86 Trieben, danach über die B 113 nach Dietmannsdorf bei Trieben und auf der B 146 bis Johnsbach | Tipp In der Odelsteinhöhle von Johnsbach sind die grünlich-bläulichen Aragonitkristalle zu bewundern. Sie wurde bereits 1910 als Schauhöhle eröffnet (Kölblwirt, Johnsbach 65, 8912 Johnsbach, Tel. 03611/216).

58 Die drei Männer

Über die Namen der Felsformationen

Das Bergmassiv rund um die einstige Bergarbeitersiedlung Johnsbach wird bestimmt von seltsam geformten Felsformationen. Drei davon tragen Männernamen, und damit hat es folgende Bewandtnis:

Vom »Amtmanngalgen«, zwei turmartigen Felsen, berichtet die Legende, dass der Amtmann des Stiftes Admont einst in den Schluchten des Johnsbaches Zuflucht suchte, um sich dem Teufel anzuvertrauen. Er hatte Schulden angehäuft, war unzufrieden mit seinem Leben und wusste keinen Ausweg mehr. In der Wildnis schloss er den unseligen Pakt, noch ein Jahr in Saus und Braus leben zu dürfen und den Teufel selbst als Diener zu haben. Im Gegenzug versprach er dem Teufel seine Seele.

In diesem Jahr ließ er den Meister der Unterwelt immer wieder seine Gestalt annehmen, dessen Abneigung dem Amtmann gegenüber wurde immer größer. Als sich das Jahr neigte und der Amtmann sich nicht entscheiden konnte, welches Querholz er für den Galgen wählen sollte, den er für sich selbst errichten wollte, ließ der Teufel angewidert von ihm ab. Nicht einmal die Hölle wolle so einen wie den Amtmann.

Der »Bucklige Schneider« erinnert dagegen an einen faulen Schneider, der sich dem Teufel verschrieben hatte. Vier Jahre durfte er sich als Meister Zwirn das feinste Leben wünschen und lebte liederlich und frivol. Am Ende der Frist war selbst der Teufel so zornig über den Kerl, dass er den Schneider in die Johnsbacher Schlucht warf, wo dieser heute noch versteinert hockt.

Und der »Versteinerte Schulmeister« schließlich war ein überaus jähzorniger Lehrer, der seine Schüler gern in die Natur hinausführte. Während einem dieser Ausflüge zupfte ein besonders unfolgsamer Bub die schönsten Blumen aus und verspottete obendrein des Schulmeisters Naturverbundenheit. Da wurde dieser so zornig, dass er einen Stein packte und auf den Jungen zielte. In diesem Moment wurde der Schulmeister zu Stein.

Adresse Nationalpark Gesäuse, Wenig 2, 8913 Admont, Tel. 03613/21000 | Anfahrt auf der A 9 bis Ausfahrt 86 Trieben, danach über die B 113 nach Dietmannsdorf bei Trieben und auf der B 146 bis Johnsbach | Tipp Im Gesäuse benötigt man kein Auto. Die einzelnen Einstiegspunkte können auch bequem mit dem Gseispur-Taxi angefahren werden, dem Gesäuse-Sammeltaxi (www.gseispur.at).

59 Der Fall Trojacek

Eine Festnahme, die völlig eskalierte

30. Dezember 1978: Es lief gerade Skispringen im Fernsehen, als eine Schießerei wie in einem Wildwestfilm entbrannte. Die Gendarmerie hatte den Hinweis erhalten, dass sich auf einem Bauernhof in Herzogberg ein gewisser Rupert Trojacek befinden sollte, ein Betrüger und Waffennarr. Zur Überprüfung der Identität standen nun drei Beamte in Zivil einem bärtigen Mann gegenüber, der in der Unterhose auf dem Sofa lag. Er heiße aber Anton Billina, sagte dieser und langte in eine Tischlade, um seinen Ausweis hervorzuholen. Doch stattdessen hielt er plötzlich eine Pistole in der Hand und schoss.

Schwer verletzt rettete sich der Beamte Jakob Ehrenreich aus dem Haus ins Freie. Seine beiden Kollegen versuchten ebenfalls zu fliehen, hatten aber keine Chance. Billina, der in Wahrheit natürlich der gesuchte Trojacek war, schoss beiden in den Rücken, sie waren sofort tot. Jetzt setzte er auch Ehrenreich nach, hatte jedoch nicht mit zwei weiteren Beamten gerechnet, die sich vor dem Haus in Stellung gebracht hatten.

Selbst von einem Schuss getroffen, verschanzte Trojacek sich mit mehreren Gewehren im Obergeschoss. Mittlerweile war auch die Rettung eingetroffen. Als die Sanitäter Ehrenreich in den Wagen hievten, nahm Trojacek diesen ins Visier und feuerte 51 (!) Schüsse auf das Fahrzeug ab. Einer der Sanitäter wurde im Gesicht durch Splitter verletzt. Erst als die Gendarmerie mit Verstärkung anrückte, gab Trojacek auf.

Beim Verhör – er wurde erst nach der stundenlangen Einvernahme ärztlich versorgt – gab er an, bereits 1977 einen Mann in Deutschland erschlagen zu haben. Er war daraufhin untergetaucht, hatte sich mit falschem Namen hier eingemietet und dachte, er sei nun aufgeflogen. In Wahrheit aber war die Polizei nur wegen eines Betrugsfalles vor Ort gewesen – von dem Mord wusste sie gar nichts. Trojacek wurde zu »lebenslänglich« verurteilt und beging im Gefängnis Selbstmord.

Adresse Stadtgemeinde Kindberg, Hauptstraße 44, 8650 Kindberg, Tel 03865/2202 | Anfahrt über die S 35 (Ausfahrt Kindberg-West), die Hauptstraße und die Schlossallee, Herzogberg unweit des Schlosses Oberkindberg und des Herzerlfresserwegs | Tipp Im Ort Jasnitz befindet sich der weithin bekannte Sauerbrunnen. Frisches Quellwasser, das frei zur Verfügung steht.

60 Der Frauenmörder

Eine wahre Schauergeschichte

Der 30-jährige Knecht Paul Reininger (1756–1788) trank zu viel und verspielte sein Geld – dass er aber ein Serienmörder war, davon wusste lange Zeit niemand etwas.

Am 15. Jänner 1786 verschwand in Kindberg die Dienstmagd Magdalene Angerer (1748–1786), drei Wochen später fand man ihren nackten Leichnam im Straßengraben. Reininger war den Leuten aufgefallen, weil er zur Tatzeit betrunken im Wald gelegen hatte. Eine Hausdurchsuchung wurde vorgenommen und dabei eine grausige Entdeckung gemacht. Nicht nur, dass man die blutigen Kleidungsstücke der Ermordeten fand, auch die Hälfte eines kleinen menschlichen Herzens tauchte in Reiningers Stube auf.

Der Mann gestand eine Serie des Grauens. Am Fronleichnamstag 1779 habe er eine junge Frau nach dem Liebesakt im Wald erstochen. Warum? Weil er Angst hatte, sie könnte von ihm schwanger sein. Im Fasching 1781 überfiel er eine Näherin, beraubte und erwürgte sie. Im selben Jahr tötete er ein achtjähriges Mädchen, das Schafe und einen Ziegenbock hütete. Reininger log, er habe den Bock vom Bauern gekauft, und nahm ihn mit. Das Mädchen folgte ihm aber, weshalb es sterben musste. Doch dem nicht genug: Er schnitt sein Herz heraus und aß die Hälfte davon – in der Annahme, es könne ihn unsichtbar machen. In Seewiesen brachte er eine 50-jährige Bauernmagd um und wenige Tage später ein 17-jähriges Mädchen. Und schließlich eben Magdalena Angerer. Er stach sie nieder, trennte ihr das Herz aus dem Leib und schnitt ihr den Kopf ab.

Reininger wurde in Wieden bei Kapfenberg zum Tode durch das Rad verurteilt. Kaiser Joseph II. (1741–1790) begnadigte ihn. Stattdessen wurden dem Mörder nun an drei Tagen je 100 Stockstreiche verabreicht, wobei 14 Stöcke zerbrachen. Reininger überlebte und wurde unter großem Volksauflauf am Grazer Schloßberg eingekerkert, wo er zwei Jahre später an den Folgen der vierteljährlich wiederholten Prügelstrafe starb.

Adresse Tourismusverband Mürztaler StreuObstRegion Kindberg-Stanzertal, Hauptstraße 44, 8650 Kindberg, Tel. 03865/3764 | **Anfahrt** S 35, Ausfahrt Kindberg-West, von der Hauptstraße direkt zur Schlossallee, am Schloss Oberkindberg vorbei durch den Wald bis zur Forststraße (nach einem Kilometer), dem Herzerlfresserweg (am Wanderweg Marterl, das Reininger mit einem Messer in der Hand zeigt) | **Tipp** Unbedingt im Gasthof Pölzl einkehren und ein Schwammerlgericht kosten (Gasthof Pölzl, Herzogberg 9, www.schwammerlwirt-poelzl.at)!

61 Die schwarze Frau

Sie ist unheimlich, behütet aber vor Unheil

Besonders wenn die Wolken tief stehen und einen dunklen Rahmen um die Welt bilden, ist die Zufahrt zum Schloss Oberkindberg schaurig. Eine Fichtenallee führt den Besucher durch das gemauerte Tor direkt zum ummauerten Vorhof. Über die unter den Füßen knirschenden Kieselsteine betritt man den Innenhof, die Fenster blicken dunkel auf den Besucher herab.

Bereits um 1180 ist in dieser Gegend eine Burg namens Chindeberc bekannt, sie wird aber 80 Jahre später durch ein Erdbeben fast vollständig zerstört. Erst im Jahr 1443 wird das ursprüngliche Schloss Kindberg errichtet, die heutige Form mit den vier Ecktürmen bekam es 1680 nach den Vorstellungen des damaligen Besitzers Abundio von Inzaghi († 1691). Zu den weiteren Besitzern im Lauf der Jahrhunderte gehörten einst neben den in der Gegenreformation geadelten Inzaghis auch die Familien Rottmayr und Attems. Heute ist das Anwesen in Besitz der Familie Spiegelfeld.

Wie es sich für derlei Anwesen gehört, ist im Schloss ein Raum schöner als der andere, mit Rokokokaminen und Stuckdecken, und der Ahnensaal ganz in der Nähe der Familiengruft liefert eine beeindruckende Gemäldegalerie der Bewohner von anno dazumal. Ein Bildnis zeigt etwa Elisabeth Inzaghi, eine, wie Franz Brauner in den »Steirischen Heimatheften« schreibt, »ältliche Frau mit harten Gesichtszügen und einem blutigen Mal auf der Stirn«. Man sagt, diese Frau erscheine hin und wieder heute noch als Gespenst, als unheilverkündende Botschafterin. Doch so gruselig ihre Erscheinung auch sein mag, im Grunde meint es die »Ahnfrau« nur gut mit den Schlossbesitzern, denn ihre Aufgabe besteht darin, vor Unheil zu warnen, und nicht, es zu verbreiten.

Im Übrigen muss man sich kaum vor ihr fürchten, denn die Ahnfrau ist Besuchern noch nie erschienen, und außerhalb des Anwesens ist sie auch noch nie aufgetaucht – jedenfalls gibt es dazu keine Berichte.

Adresse Schloss Oberkindberg, Schlossallee 13, 8650 Kindberg, Tel. 03865/22020 | **Anfahrt** über die S 35 (Ausfahrt Kindberg-West), Hauptstraße und Schlossallee | **Tipp** Beim Schloss beginnt ein bekannter Naturlehrpfad, der über Möstlingbach, »Antoniusbründl« und »Eselhalt« führt und als Rundweg gestaltet ist.

62 Die geheime Totenkammer

Ein grausiges Geheimnis unter der Kirche

Bei Renovierungsarbeiten und technischen Erneuerungen in der Pfarrkirche von Kirchberg an der Raab machten Bauarbeiter im Jahr 1972 eine gruselige Entdeckung. Unter der Sakristei der Kirche wurde eine Totenkammer freigelegt, die die bleichen Gebeine von mehr als 500 Menschen enthält. Dieses längst vergessene Ossarium dürfte seinen Ursprung im beginnenden 17. Jahrhundert haben. Damals – am 4. Juni 1600 – kam der Seckauer Bischof Martin Brenner (1548–1616) ins Dorf, um gemeinsam mit 400 Soldaten die Protestanten aus dem Dorf zu vertreiben. Diese Vertreibung muss sich als furchtbare Hetzjagd abgespielt haben, Forscher gehen heute davon aus, dass die Verfolgten verzweifelt Verstecke suchten. So dürften sie in das angeblich weitverzweigte, unterirdische Gangsystem von Kirchberg gekrochen und dort qualvoll erstickt sein.

Dieses Ossarium wurde damals im Jahr 1972 wieder geschlossen und geriet seitdem abermals in Vergessenheit. Erst 2017 wurde das Gebeinhaus wieder untersucht, die Knochen und Totenschädel wurden vorsichtig ausgeräumt und in Stichproben auf Alter, Ernährungszustand und mögliche Todesursachen untersucht. Dabei stellten Wissenschaftler des Universalmuseums Joanneum fest, dass unter den Gebeinen auch die zahlreicher ehemaliger Reiter gewesen sein dürften. Die Experten nehmen mittlerweile an, dass es sich dabei um Mitglieder des Regiments von Sigbert Graf Heister (1646–1718) aus dem Beginn des 18. Jahrhunderts handelt. Heister, der für seine kompromisslose Härte berüchtigt war, kämpfte mehrmals gegen die Türken (etwa 1683 um Wien) und Kuruzzen und war Heerführer im Spanischen Erbfolgekrieg.

Das Ossarium soll nun saniert und der Öffentlichkeit teilweise zugänglich gemacht werden. Was es mit den Gebeinen tatsächlich auf sich hat, und wie die Totenkammer mit dem Gangsystem von Kirchberg verbunden ist, das sollen weitere Untersuchungen klären.

Adresse Kirchberg an der Raab 71, 8324 Kirchberg an der Raab, Tel. 03115/23190, kirchberg@graz-seckau.at | **Anfahrt** auf der Süd-Autobahn (A 2) Richtung Wien bis zur Ausfahrt 157 Gleisdorf-Süd, von dort der B 68 bis Kirchbach folgen | **Tipp** Das wunderschöne Seerosenbad in Kirchberg an der Raab gibt es erst seit 2009 (Tel. 0676/7365499).

63 Die Todgeweihten

Massenmorde und Misshandlungen zum Kriegsende

Unter der Bezeichnung Tgb.Nr.1K.7154/45 beschreibt die Gendarmerie das »vorläufige Ermittlungsergebnis in der Massenmordsache Klöch / St. Anna am Aigen« im Jahr 1945. Diese Protokolle offenbaren eine Serie von Gewalttaten, die nur einer grotesken Zeit der völligen Entmenschlichung entspringen können. Es ist von »Nazihäuptlingen« und ihren rohen Handlangern die Rede, die sich an ungarisch-jüdischen Zwangsarbeitern vergriffen hatten. Seit 1944 wurden diese herangekarrt, um für den Südostwall zu schuften. In Klöch waren bis zu 400 Menschen in der Schule untergebracht, hausten dort unter unmenschlichen Bedingungen auf engstem Raum.

Zu essen bekam nur, wer arbeiten konnte. So schleppten die Zwangsarbeiter sich gegenseitig zu den insgesamt sechs Baulosen. Immer wieder kam es zu Übergriffen durch ihre Wärter, sie wurden misshandelt und wiederholt mit Stöcken geschlagen. 17 Typhuskranke wurden isoliert, einmal war die Tür zu ihrem Zimmer vier Tage lang zugenagelt.

Dann, am 2. März 1945, fielen erstmals Schüsse. In Haseldorf bei St. Anna am Aigen mussten sich 75 Juden ihr eigenes Grab schaufeln und wurden hineingeschossen. Auch im Klöcherwald wurden Dutzende auf dieselbe Weise hingerichtet. Ein Volkssturm-Wächter schilderte, es habe bei den Erschießungen »herzzerreißende Szenen« gegeben. Die Todgeweihten bettelten um Gnade. Doch die gab es nicht. Zuletzt traf es die 17 an Typhus Erkrankten. Bewohner beobachteten den Tross. Einer der Juden brach zusammen, wurde auf eine Scheibtruhe geladen und mit den anderen davongeführt. Trotz der Kälte trugen die Kranken nur Hemden. Man trieb sie aus dem Schulgebäude in den Wald. Kurz darauf fielen Schüsse.

In den folgenden Monaten wurden zahlreiche Personen festgenommen und verurteilt. Insgesamt wurden drei Massengräber gefunden, doch erst 2008 wurde ein Mahnmal errichtet, das an jene Ereignisse erinnert.

Adresse Mahnmal für den Frieden am Sinnersdorf Weg, 8354 St. Anna am Aigen | Anfahrt der A 9 und B 69 bis zur L 259 folgen, in Pichla bei Radkersburg auf die L 235 und dann links auf die L 204 abbiegen – nach 300 Metern rechter Hand Beginn des Sinnersdorf Weges | Tipp In dieser Weingegend empfiehlt sich ein Besuch in der Gesamtsteirischen Vinothek in St. Anna am Aigen (Marktstraße 6, Tel. 03158/2801, www.gesamtsteirische-vinothek.at).

64__Die Außerirdischen

Vom Leben der Ufo-Jäger Kaliba & Trieb

Seien wir ehrlich: Sobald wir auch nur das Wort »Außerirdische« in den Mund nehmen, werden wir als »Spinner« abgetan. Umso größer ist der Mut zu bewerten, den ein Fotografen-Paar aus Knittelfeld seit 15 Jahren an den Tag legt. Denn Waltraud Kaliba und Jürgen Trieb haben sich der Jagd auf Ufos verschrieben.

Es ist der 11.400-Einwohner-Ort Knittelfeld, der wie in den USA die Area 51 zum Ufo-Hotspot Österreichs geworden sein soll. »Wir sind nicht allein«, betonen die beiden in Interviews immer wieder und stellen fest, dass seit dem Jahr 2003 die Ufo-Sichtungen zunehmen.

Ihre Berichte hören sich abenteuerlich an. Immer wieder seien leuchtende Objekte zu sehen, die »unmögliche Flugmanöver« durchführten. Ihre Beobachtungen stoßen zwar, wie sie selbst zugeben, bei der zivilen und militärischen Luftfahrtbehörde auf »gemäßigtes Interesse«, doch wer ihnen zuhört, kann sich der Faszination nicht entziehen, die von ihren Berichten ausgeht. Ganz abgesehen davon, dass sich mittlerweile keine Zeitung ihre Geschichten entgehen lässt, sie waren bei Stefan Raab in der Pro-Sieben-Sendung »TV Total« und wurden wochenlang von einem Servus-TV-Team begleitet.

Nur einige der unzähligen Beobachtungen des Ehepaars Kaliba & Trieb seien hier erwähnt: Am 24. Mai 2008 um etwa 22.45 Uhr wurden die beiden von einem Bekannten darauf aufmerksam gemacht, das etwa 20 orange-rote Objekte um Knittelfeld schwirren würden. Zwei Minuten später sahen Kaliba & Trieb die Formation mit eigenen Augen. »Sie bewegten sich nicht, leuchteten aber sehr grell und waren um mehr als das Doppelte größer als die umliegenden Sterne.« Die beiden dokumentieren seit 2008 den stetigen Anstieg der Sichtungen mit zahlreichen Fotos und Videos. Aufmerksamkeit erregten sie zuletzt im August 2016 und im Jänner 2017, als sie mehrere Fotos und Videos einer Ufo-Landung am Seckauer Zinken (2.397 Meter) machten.

Adresse Stadtgemeinde Knittelfeld, Hauptplatz 15, 8720 Knittelfeld | Anfahrt über die A 9 bis zur S 36 fahren und dort die Ausfahrt Knittelfeld-Ost nehmen | Tipp Eine Delikatesse sind die Seckauer Lebkuchen in der Konditorei Regner (Seckau 39, 8732 Seckau, Tel. 03514/5207, www.regner.at).

65 Der jüdische Friedhof

Im Krieg siegte der Fanatismus über die Würde

Der Schrecken des Nationalsozialismus machte auch vor den Toren der jüdischen Friedhöfe nicht halt. Vielerorts wurden sie zerstört. In Knittelfeld aber gingen Vandalen so weit, sogar Gräber zu öffnen und Leichen zu schänden.

Selten gingen Menschen so skrupellos vor wie zu jener Zeit. Während des Novemberpogroms 1938 wurde der 33 Jahre davor eröffnete Friedhof von Mitgliedern der SA zerstört. Die Fanatiker öffneten die Gräber, krochen in die Gruben und brachen den Leichnamen das Zahngold aus den verwesenden Gesichtern. Der Werkstättenmeister errichtete auf den Überresten des Friedhofs einen Hühnerstall. Mehr noch, er baute die Leichenhalle zu einem Wohnhaus um.

Nach dem Krieg war es den wenigen Überlebenden zwar möglich, wenigstens einige der zerstörten Grabsteine wieder aufzutreiben und aufzustellen, doch kein einziger Jude sollte nach Knittelfeld zurückkehren. Heute erinnern nur noch einige Steinplatten an die Grabstätten von einst, und der Friedhof wird von der Stadtgemeinde Knittelfeld gepflegt. Dabei war gerade diese Gegend im 19. Jahrhundert so etwas wie eine jüdische Zukunftsregion. Damals herrschte starker Zuzug aus den Kronländern, da die Industrialisierung und der Bahnbau Arbeitsplätze schufen. Dass vor allem jüdische Glaubensgemeinschaften hierherzogen, ist insofern bemerkenswert, als dass König Maximilian I. (1459–1519), der spätere Kaiser, im Jahr 1496 alle Juden hat ausweisen lassen und deshalb bis 1861 keine größere Besiedelung dieser Glaubensgemeinschaft mehr in der Steiermark stattgefunden hatte.

Ähnliche Akte der Zerstörung jüdischer Friedhöfe gab es übrigens zwischen 1938 und 1945 bei fast allen jüdischen Friedhöfen. Interessanterweise blieben aber gerade in Graz, der »Stadt der Volkserhebung«, die meisten Grabsteine unangetastet. Hier am »Lazarettfeld«, das 1864 als Friedhof angelegt wurde, befinden sich heute 1.453 Gräber.

Adresse Reste des 1905 errichteten Friedhofs: Lendgasse 17a, 8720 Knittelfeld | **Anfahrt** über die S 36, Ausfahrt Knittelfeld-Ost, von dort auf der Preger Straße bis zur Lendgasse | **Tipp** Ganz was anderes: Im Eisenbahnmuseum Knittelfeld werden selbst Erwachsene zu Kindern (Ainbachallee 14a, 8720 Knittelfeld, Tel. 0676/5440795, www.eisenbahnmuseum-knittelfeld.at).

66 Der Schattensee

Das Spiegelbild an der Wasseroberfläche

Die beiden Wilderer waren nicht sehr erfolgreich auf ihrer Pirsch gewesen und hockten jetzt recht missmutig am Ufer des Schattensees. Da hatte einer von ihnen eine folgenschwere Idee: Er ging auf die andere Seite des Sees und betrachtete die Oberfläche des Wassers. Klar vor sich sah er auch das Spiegelbild des Kameraden. Er zielte darauf, schoss – und am anderen Ufer brach dieser tödlich getroffen zusammen. Die Kugel war an der Oberfläche abgeprallt und hatte exakt ihr Ziel getroffen.

Diese Tragödie sollte nicht die einzige Seltsamkeit in der Region bleiben. Ebenfalls irgendwann im 19. Jahrhundert brach ein Ochsengespann im Eis des Prebersees ein, der sich in der Nähe befindet. Die Tiere wurden gerettet, doch das Joch blieb verschwunden. Es tauchte erst Jahre später auf – doch nicht im Prebersee, sondern im Schattensee. Seit damals ist man überzeugt davon, dass beide Seen eine unterirdische Verbindung haben und dieser Umstand auch die merkwürdige Oberflächenspannung des Wassers erklärt.

Seit Jahren wird nun in der Region einer eigentümlichen Sportart gefrönt: dem Wasserscheibenschießen. Zu diesem Zweck treffen sich Schützen und zielen auf das Spiegelbild einer Zielscheibe, die sich 107 Meter entfernt auf einer Höhe von 50 Zentimetern befindet. Die Kugel prallt vom Wasser ab und trifft ins Schwarze – im Idealfall. Wer allerdings genau auf die Scheibe zielt, wird erfahrungsgemäß keinen Erfolg haben. Außerdem wird der Schwindel sofort am Einschussloch in der Kartonscheibe erkannt.

Auch am Prebersee in Salzburg werden solche traditionellen »Schießen« abgehalten, und der Schattensee wurde bereits vor zehn Jahren mit einem Scheibenhaus samt Trefferanzeige und einem Schützenhaus ausgestattet. Versuche in anderen Ländern, ein ähnliches Schützentreffen zu organisieren, haben sich angeblich allesamt als untauglich erwiesen. Die Querschläger dieser beiden Seen sind eben einzigartig.

Adresse Jausenstation der Familie Helmuth Biegel – Gasthof »Tauernwirt«, 8854 Krakauebene 53, Tel. 03535/8342 oder 0676/5510131 | Anfahrt über A 9 und S 36 bis zur Friesacher Straße, danach die B 96 bis Krakauhintermühlen und Krakauschatten (L 521) nehmen | Öffnungszeiten Anmeldung für das Wasserscheibenschießen unter Tel. 0664/5107136 | Tipp Zur Grazer Hütte am Preber führt ein wunderschöner Wanderweg mit einer Dauer von einer bis anderthalb Stunden (Juni – Okt., www.grazer-huette.at).

67 Das Wüten der Türken

Als die Menschen in Wälder und Berge flohen

Die Inschrift der Pfarrkirche von Krieglach liefert uns einen Vorgeschmack auf das, was kommt: »In dem 1529 Jahr ist der Türkh hie gewösen und 800 und etlich Perschaunen wegkh gekehrt. Was folgen werdt ist Gott bekannt.« Man erzählte sich, dass rote Tropfen von den Tannen kollerten, die rund um das Holzkreuz in der Gölk standen. Die Bäume schwitzten Blut. Die Angst ging um im Mürztal – der Türkh bricht wieder ein, raunten sich die Leute zu. Tatsächlich war 1529 ein gewaltiges Heer im Anmarsch. Aus Rom wurden Reliquien angeschafft, in einer Kapelle wurde etwa in einem Fläschchen ein Atemzug Josefs aufbewahrt. »Ob wahr und echt, danach frug kein Mensch«, berichtete Volksdichter Peter Rosegger (1843–1918). Der Ablasshandel florierte, die Leute beteten um ihr Seelenheil.

Doch es half nichts. Als die ersten Zigeuner durchs Land zogen, mit ihren seltsamen Gebärden und Lauten, nannte man sie den »Kehricht des großen Besens«. Denn ihnen folgte der Schrecken der Christenheit – Sultan Suleiman I. (1494–1566). Ein Heer von 120.000 Mann marschierte auf Wien zu, dessen Ausläufer erreichten bald das Mürztal. In den Chroniken ist von Grausamkeiten die Rede: Den Opfern sollen Ohren abgeschnitten und Augen ausgestochen worden sein, Säuglinge wurden angeblich auf Lanzen gespießt.

Die Krieglacher flohen in die Wälder und Berge der Stanz, der Veitsch und des Freßnitzgrabens und hausten dort wie Wilde. Immer wieder kam es zu Scharmützeln, ein Guerillakrieg brach aus. Eine Legende erzählt davon, dass die Türken in der Pfarrkirche Menschen verbrennen wollten, als Einheimische aus den Wäldern des Teufelsteins die Türken in die Flucht schlugen. Man sagt, heute noch ist die Erde um Allerheiligen und Mürzhofen rot vom Blut dieser Türkenschar.

Die Ereignisse in Krieglach sind exemplarisch für das Grauen der Türkenkriege jener Zeit – sie haben sich tief ins Gedächtnis der Steirer gegraben.

Adresse Marktgemeinde Krieglach, Waldheimatstraße 1, 8670 Krieglach, Tel. 03855/23550 | Anfahrt Gölkkapelle (Gölkweg 1) direkt am Pilgerweg nach Mariazell; mit dem Pkw über die S 35 und die S 6 bis zur Grazer Straße in St. Barbara im Mürztal zu erreichen, Gölkweg direkt an der Umfahrungsstraße südwestlich von Krieglach | Tipp Keine Frage, wer einmal in der Gegend ist, muss auch ins Geburtshaus des großen Peter Rosegger (Alpl 42). Es hat dienstags bis sonntags geöffnet (Info: Tourismusverband Roseggers Waldheimat, Tel. 03855/2404 und www.krieglach.at).

68 Das Duell

Ein Zweikampf entschied die Grenzziehung

Eine Legende macht den 1.150 Meter hohen Kriegskogel im Wildalpengebiet zu einem historischen Ort in der Steiermark – manche sagen, er müsste eigentlich Kriegsverhinderungskogel heißen.

Passiert war Folgendes: Im Jahr 1180 standen die steirischen Grenzen noch nicht fest. Der Traungauer Ottokar IV. (1163–1192), Markgraf der Steiermark, verlegte die Grenze von Wildalpen nach Norden bis zum Waldhüttensattel bei Kerndorf. Diese willkürliche Verlegung musste zwangsläufig auf Widerstand stoßen, und so wundert es nicht, dass Herzog Leopold V. (1157–1194), der Babenberger, der in der Ostmark regierte, Ottokar, wie es die damaligen Gepflogenheiten erforderten, zum Duell aufforderte. Als Ort für den Zweikampf wurde die Wildalpe gewählt. Das Turnier wurde wie üblich mit Fanfaren, allerhand Publikum und Trommelwirbel abgehalten, zumal hier zwei fürstliche Gegner aufeinandertrafen.

Und sie waren durchaus motiviert, schließlich ging es um Grund und Boden. So brüllte der eine »Hie Österreich!«, der andere schrie »Hie Steier!«, und schon ritten die beiden Schlachtrösser mit ihren gepanzerten Reitern auf dem Rücken aufeinander los.

Sechs Mal sollen die Duellanten mit Schild und Lanze bewaffnet aufeinandergeprallt sein, ehe endlich einer der beiden – es war der Steirer Ottokar – auf dem Boden landete. An dieser Stelle endete der Kampf jedoch und wurde nicht auf Leben und Tod weitergeführt. Offenbar zufrieden über die sportliche Leistung reichten die beiden Herzöge einander die Hand und beschlossen, die Grenze möge exakt durch die Mitte des Kampfplatzes verlaufen. Von diesem Tage an wird die Almkuppe »Kriegskogel« genannt und bildet bis heute die Grenze zwischen Niederösterreich und der Steiermark.

Zwölf Jahre später starb Ottokar kinderlos, und so fiel die Steiermark schließlich ohnehin an den Babenberger Leopold – der Vertrag dazu wurde auf dem Georgenberg bei Enns geschlossen.

Adresse Naturpark Mürzer Oberland, Hauptplatz 9, 8692 Neuberg/Mürz, Tel. 03857/8321 | **Anfahrt** vom Lahnsattel Forststraße Richtung Kriegskogel, dann auf anspruchsvollem Waldweg weiter zu Sulzriegelalm, Bärenkögerl und Wildalpen (Tour 12 Kilometer lang) | **Tipp** Zur Erholung dient die Teichanlage Urani mit Restaurantbetrieb (Tel. 03857/20555).

69_Der grausige Fund

Ein aufsehenerregender Indizienprozess

Die Aufgabe des Rechenwärters im E-Werk Lebring ist es, den Rechen von Treibholz und sonstigem angeschwemmten Unrat zu reinigen. Zu diesem Zweck lässt er immer seinen mächtigen Greifer ins Wasser gleiten. Am 7. Mai 1956 starrt der Mann jedoch ungläubig auf die Greifarme der Maschine. Da quillt eine Hand hervor, rutscht ab und fällt zurück ins Wasser. Der Arbeiter lässt die Maschine noch einmal hinab ins Wasser fahren und wird den Anblick, der sich ihm nun darbietet, wohl nie wieder vergessen. Denn jetzt starrt ihn ein Schädel an, an dessen Hals noch eine Krawatte gebunden ist – der restliche Körper fehlt.

Die Ermittlungen laufen auf Hochtouren. Die Beschreibung des Opfers passt auf einen in Deutschfeistritz abgängigen Mann, den 69-jährigen Pensionisten Emmerich Ziegler. Dieser verließ am 6. Mai ein Gasthaus in angetrunkenem Zustand. Er wird von der Schwiegertochter, die seit dem Tod ihres Mannes im Weltkrieg bei ihm wohnt, identifiziert.

Die Ermittlungen dauern Monate, und während der Staatsanwalt von einem Unfall ausgeht, sammeln die Mordermittler weiterhin Indizien – und zwar gegen die Schwiegertochter und deren Lebensgefährten, einen Fleischer. Immer mehr Indizien werden gesammelt, die Gerichtsmediziner sind sich einig, und so kommt es tatsächlich zum Mordprozess in Graz. Hauptargument der Staatsanwaltschaft war damals der Umstand, dass die Schwiegertochter noch vor dem Auffinden der Leiche Trauerkleidung bestellt hatte. Außerdem war im Zimmer ihres Lebensgefährten eine blutgetränkte Leinenschürze sichergestellt worden. Überhaupt seien jede Menge Blutspuren zu finden gewesen. Kurzum: Es stellte sich heraus, dass Ziegler erschlagen und dann zerstückelt, regelrecht tranchiert wurde.

Dennoch: Es gab weder ein Geständnis noch Beweise. Fazit: Am 5. Juni 1959 wurden die beiden freigesprochen. Die restlichen Leichenteile von Emmerich Ziegler wurden nie gefunden.

Adresse Gemeindeamt Lebring, Grazerstraße 1, 8403 Lebring, Tel. 03182/24710 | **Anfahrt** über die A 9 bis zur Ausfahrt 214 Leibnitz, weiter Richtung Leibnitz, dann links auf die Kirchbacher Straße bis nach Laubegg und auf den Zufahrtsweg zum Kraftwerk fahren | **Tipp** In der Nähe befindet sich das Autohaus Gady, das zweimal im Jahr mit dem Gady Markt für Aufsehen sorgt. 2018 zum 105. Mal!

70 Der Kaarwald

Wer waren die Drahtzieher der Gräueltat?

Es war ein Finger, der aus der Erde ragte wie ein Mahnmal und der den Kaarwald zwischen Labuttendorf und St. Veit am Vogau für alle Zeit zum stummen Ort des Grauens machte. Am 17. August 1945 entdeckte der Hilfsarbeiter Leopold Schubert hier zuerst eine alte Wehrmachtsuniform, danach Reifenspuren, denen er folgte. Bis zum Finger.

Später legten die Bewohner der Umgebung ein Massengrab frei, in dem sich 20 Leichen befanden. Unweit davon fand man weitere vier. Auch diese Opfer wiesen Kopf- und Genickschüsse auf und waren so arg verstümmelt, dass ihre Identität nicht festzustellen war. Lediglich der ehemalige Kreisleiter von Leibnitz, Josef Tomaschitz, wurde anhand der Initialen in der Unterhose vom Sohn erkannt. Sofort war allen klar, was passiert sein musste. Im Juni, als hier noch Tito-Partisanen ihr Unwesen trieben, wurden 45 Personen in der Nacht aus dem Leibnitzer Bezirksgericht geholt. Man wolle sie nach Marburg bringen, hieß es. Doch dort kamen sie nie an.

In diesen ersten Wochen nach dem Krieg gingen Todeslisten um, es wurde vernadert und kollaboriert. Zwei Tage nach der Verschleppung der Häftlinge, am 19. Juni, wurden Kirchgänger im Kaarwald von Partisanen ungeduldig weitergewunken. Im August dann die grausige Entdeckung im selben Wald. Zu diesem Zeitpunkt waren bereits die Engländer im Land, erste Untersuchungen verliefen im Sand. Weitere sollten folgen. Ebenso ergebnislos. Das Schicksal der anderen 25 Häftlinge wurde ebenso niemals geklärt wie die Identität der gefundenen Leichen.

In den 50er Jahren kam der damalige Untersuchungsrichter Heribert Mara der Sache sehr nahe. Er erinnerte sich später an einen Gastwirt, der zur Kriegszeit bei der Gestapo gewesen war. Dieser soll der Drahtzieher des Massenmordes gewesen sein. Mara hatte auch alles anklagebereit aufgearbeitet, doch die Akten verschwanden. Und sind bis heute unauffindbar.

Adresse Marktgemeinde St. Veit in der Südsteiermark, Am Kirchplatz 13, 8423 St. Veit am Vogau | Anfahrt A 9 bis zur Ausfahrt 214 Leibnitz, danach der Kirchbacher Straße / B 73 folgen, von dort über Laubegg und Sajach bis zum Neudorf-Leitersdorf-Weg, Wald rechter Hand | Tipp Die Schiffsmühle Mureck an der Grenze zu Slowenien ist als Ausflugsziel überaus beliebt (Am Mühlenhof 1, 8480 Mureck, Tel. 03472/2952).

71 Das »irdische Übel«

Wie der Schwammerlturm entstand

Seismologisch betrachtet liegt die Steiermark nicht unbedingt auf ungünstigem Boden. Dennoch kam es im Lauf der Zeit zu Momenten, in denen manche Orte kurz davor waren, von der Erde verschlungen zu werden.

Leoben, 6. Februar 1794, 20 Minuten nach 13 Uhr. Hausgeräte fielen von den Kästen, Wände zitterten, die Menschen liefen verängstigt auf die Straßen. Das heftigste Beben seit 100 Jahren hatte soeben die Stadt erschüttert. Es sollte nach heutigen Erkenntnissen überhaupt das heftigste Erdbeben im gesamten Steirerland bleiben. Einen Tag danach, am 7. Februar, berichtete die »Grätzer Zeitung« noch davon, dass man »allhier ein ziemlich heftiges Erdbeben verspürte«, einen weiteren Tag später hieß es, dass auch »im Mürzthale dasselbe sehr fürchterlich gewesen sey«. Im Leobner Zentrum wurden nur zehn von 213 Gebäuden als unbeschädigt gemeldet, acht Prozent aller Häuser im Großraum waren betroffen.

Der Bericht der sogenannten »Augenscheins-Commission«, welche die Schäden dokumentierte, stellte außerdem eine Schadenssumme von 33.752 Gulden fest, was insofern bemerkenswert ist, als es das erste Mal war, dass auch die Schadenshöhen der einzelnen Objekte erhoben wurden. Noch heute lassen sich 300 handschriftliche Dokumente im Leobner Stadtarchiv zur Katastrophe finden. So etwa die Aussage des einstigen Bürgermeisters Josef Graf (1814–1849), der das Beben als »irdisches Übel« bezeichnete.

So nahm auch das Mauttor samt Mautturm – der westliche Zugang über die Mur – Schaden. Dort, wo der Dachstuhl des damals noch spitz zulaufenden Turmes ansetzte, hatten sich vier Erker aus der Mauer gelöst, und es bestand die Gefahr, dass sie herabfallen würden. Der spitze Turm wurde also sicherheitshalber durch eine neue Haube ersetzt. Schnell fand sich deshalb auch die neue Bezeichnung für das Leobner Wahrzeichen: der »Schwammerlturm«. Ob er das nächste große Beben übersteht?

Adresse Schwammerlturm, Homangasse 11, 8700 Leoben | **Anfahrt** von der A 9 kommend die Ausfahrt Leoben-West nehmen, dann über Turmgasse und Johann-Heißl-Straße Richtung Zentrum fahren, Schwammerlturm unübersehbar am Hauptplatz nahe der Murbrücke | **Tipp** Die Ruinen der Massenburg sind ein Paradies für Geschichtsfans und bieten zudem einen hervorragenden Ausblick (Maßenbergstraße 38, 8700 Leoben).

72 Der Spuk von Trautenburg

Von Geistern und anderen Kreaturen

Die Gegend rund um Leutschach ist nicht nur für ausgezeichneten Wein bekannt. Man kennt hier auch zahlreiche Schreckgespenster aus dem Sagenreich. Diese Region soll sogar eine der wenigen sein, in der sich mitunter Schabbock, Trud und Habergoaß zusammentun – sogar von der Wilden Jagd ist die Rede. Nicht zuletzt deshalb sollte man sich wenigstens einen sonnigen, freundlichen Tag aussuchen, um Schloss Trautenburg zu besichtigen – was im Übrigen nur von außen möglich ist, da es sich im Privatbesitz befindet.

Dieses Anwesen liegt mitten in einer Parklandschaft. Das imposante Areal entstand aus dem Meierhof der einstigen Burg Schmierenberg. Seither hatte Trautenburg viele Besitzer, etwa die Herren von Trautmannsdorf ab dem 15. Jahrhundert. Ehrenreich von Trautmannsdorf musste als Protestant das Land übrigens verlassen (1630), weigerte sich jedoch und starb sechs Jahre danach im Schloss, das er seinem zum katholischen Glauben konvertierten Sohn Otto Ehrenreich († 1664) vermacht hatte. Vielleicht ist dies der Beginn des Grauens. Jedenfalls ging der Besitz später an den Freiherrn von Eibiswald, der in Erbschaftsstreitigkeiten verwickelt war. 1701 stürmten deshalb 19 Bewaffnete des Grafen Lengheim das Gemäuer und nahmen den Verwalter gefangen. Auch danach brachte das Schloss wenig Glück. 1944 von amerikanischen Fliegerbomben getroffen, starben drei Bewohner. Nach dem Krieg hausten hier die Partisanen, Bulgaren, Russen und Engländer, und erst 1974 erlebte das Schloss einen Aufschwung, als der Laxenburger Bürgermeister Herbert Rauch-Höphffner das Anwesen kaufte und renovierte. Doch auch er musste zugeben, dass es hier spukte, immerhin »schaffte« es Trautenburg ja sogar in eine Publikation über Spukschlösser in Österreich. Denn genau hier soll die Wilde Jagd, das Treiben der Geistwesen aus der Zwischenwelt, regelmäßig ihren großen Auftritt haben.

Adresse Schloss Trautenburg, Schlossberg, 8463 Leutschach an der Weinstraße | **Anfahrt** A 9 bis Ausfahrt 222 Vogau-Straß, weiter auf der B 69 bis Schlossberg | **Tipp** Am Eorykogel in Glanz an der Weinstraße befindet sich die größte Weintraube der Welt. Sie schaffte es auch ins Guinness-Buch der Rekorde (Tourismusbüro Tel. 03454/707010, www.rebenland.at).

73 Das große Feuer

Die Tragödie vom 1. November 1827

Der Bäckermeister Franz Xaver Ott (1764–1827) wurde panisch, wollte durchs Stiegenhaus, doch die Flammen waren zu heiß, der Rauch zu dicht. Der 73-Jährige dachte fieberhaft nach, dann wurde es schwarz um ihn, und er fiel um. Seine dritte Frau Aloisia (1775–1827), die Ott 1815 geheiratet hatte, hatte gekreischt und gefleht, doch auch sie verlor bald das Bewusstsein.

Als der Schwiegersohn, der Kürschnermeister Emanuel von Stenizer (1787–1849), herbeieilte und durchs ebenerdige Fenster in die Stuben des Hauses blickte, wurde er schreckensbleich. Er sah sie allesamt am Boden liegen: das Ehepaar Ott, deren 14-jährigen Sohn Josef, die Dienstmagd Catherina Heigl (49), Magdalena Graßberger (24), das Holzknechtweib Maria Zoislin (40) und das Enkelkind der Otts, Stenizers dreijährige Tochter Theresia. Sie hatten sich in die Stube geflüchtet, weil sie hofften, dort Zuflucht zu finden. Stattdessen wurde die Stube ihr Grab.

Ihr Tod war Folge des größten Feuers in der Mariazeller Geschichte. In der Allerheiligennacht des Jahres 1827 dürfte der Brand in der Schmiede in der Gräzergasse ausgelöst worden sein. Ein Sturm ließ die Flammen um sich greifen, innerhalb einer halben Stunde stand der Ort in Flammen – von 111 Häusern waren 100 betroffen. Darunter auch das Haus des Bäckermeisters Franz Xaver Ott, vor dem der Schwiegersohn nun zusammensackte und seinem Kind und den anderen hilflos beim Sterben zusehen musste. Die sieben wurden so stark verbrannt und verkohlt, dass sie später in einem einzigen Sarg beigesetzt wurden. Zu ihnen waren weitere Opfer dazugekommen. Die Wiederaufbauarbeiten des Wallfahrtsortes gelangen nur durch eine von Kaiser Franz I. (1768–1835) angeordnete Spendenaktion im ganzen Reich.

Als Brandursache vermutet man eine vorsätzliche Tat: Beim Kegeln dürfte jemand sein Geld verspielt haben. Aus Zorn darüber soll er das Feuer gelegt haben.

Adresse Tourismusverband Mariazellerland, Hauptplatz 13, 8330 Mariazell, Tel. 03882/2366 | **Anfahrt** über die B 20 von Kapfenberg aus oder mit der Museumslinie Mariazellerbahn zu erreichen, Endpunkt des Traisentalradweges | **Tipp** Die Apotheke »Zur Gnadenmutter« am Hauptplatz wurde 1718 gegründet und ist berühmt für Kräuterliköre (»Ranti Putanti«) und viele Naturheilmittel.

74 Die Tabaküberreiter

Wie die Pest nach Murau kam

Kriminelle Energie ist keine Erfindung der Gegenwart. Schon im Jahr 1715 zeigten Schmuggler in dieser Hinsicht Kreativität, mehr noch, durch einen perfiden Plan lösten sie einen regelrechten Bauernaufstand aus. Man nannte diese Schmuggler »Tabaküberreiter«, denn sie legten die verbotene Ware in kleinen Packerl auf der Straße aus. Vorbeigehende Bauern hoben diese natürlich arglos auf und brachten sie in die Region, wurden bald aber von den heimtückischen Schmugglern gestellt und vors Murauer Gericht gezerrt, wo sie mit hohen Geldstrafen belegt wurden. Einen Teil dieser Strafen streiften die Schmuggler ein und machten damit gute Geschäfte. So lange, bis die Bauern ihnen auf die Schlichte kamen. Und dann wurde es haarig.

Aus St. Ruprecht, Allgau, Krakau, Ranten und Schöder marschierten die Bauern mit allerlei »Waffen« wie Dreschflegln und Hacken bestückt zum Amtsgericht. Sie verlangten den betrügerischen Kommissär, hätten ihn wohl auch sofort erschlagen, wenn nicht der Oberverwalter aus dem Schloss Obermurau die Bauern zu Brot und Wein eingeladen und das Gespräch gesucht hätte. Er versprach ihnen schließlich, dass die Strafgelder rückerstattet würden, und so wurde der Zorn langsam besänftigt.

Was die Bauern aber nicht wussten: Während der Unterredung waren Soldaten angefordert worden, die sich in den Höfen der Bauern verschanzten. Somit war dieser kleine Bauernaufruhr schnell im Keim erstickt, die Strafzahlungen mussten nicht rückerstattet werden, und der Kommissär blieb am Leben. Vorerst. Denn die Soldaten brachten weit mehr Leid ins Murtal als gedacht – sie schleppten die Pest ein. Mehr als 1.000 Menschen raffte die Seuche in den kommenden Wochen dahin, die kriminelle Energie der Schmuggler löste also eine geradezu teuflische Plage aus.

Zwei Jahre später wurden am Murauer Hauptplatz und in vielen Ortschaften in der Umgebung Pestsäulen errichtet.

Adresse Tourismusverband Murtal-Kreischberg, Liechtensteinstraße 35, 8850 Murau, Tel. 03532/2720 | **ÖPNV** Railjet 630, Haltestelle Murau-West | **Anfahrt** über A 9 und S 36 zur Murtalstraße / B 96 und Murauer Straße / B 97 | **Tipp** Der Sagenweg Oberwölz ist ein drei Kilometer langer Rundweg, der ein Sammelsurium an sagenhaften Gestalten zu bieten hat. Laben kann man sich dann in Oberwölz, der kleinsten Stadt der Steiermark (Tourismusverband Oberwölz-Lachtal, Tel. 03581/8420, www.woelzertal).

75 Der Klang der Schwerter

Als die Horden der Maultasch durchs Land zogen

In den Seetaler Alpen erinnert man sich an zwei Schlachtfelder: Die Blutwiese tränkte das Blut der Feinde, die Klingwiese erinnert an das Geräusch der Schwerter.

Es war im 14. Jahrhundert, als Margarete von Tirol (1318–1369), die auch Maultasch genannt wurde, mit ihren Horden gegen die Herzöge von Österreich ins Feld zog. Ihr Streifzug ging in die Sagenwelt ein, denn sie kämpfte sich angeblich bis vor das Schloss Seggau durch, das damals noch von Riesen bewohnt war. Zu dieser Zeit befand sich rund um Wildon auch ein großer See, den die Herzogin ableitete, wodurch nicht nur Leibnitz überschwemmt wurde, sondern auch die Riesen ertranken. Sie zerstörte nun Haslach und Mureola, die alte römische Stadt. Auch Voitsberg (ein Bildnis in einer Kapelle erinnert daran), die Burg Greißenegg sowie das Frauenstift Göß fielen, nur an Knittelfeld und Murau biss sie sich die Zähne aus. Weil dann auch noch ihr Pferd scheute, war sie so erzürnt, dass sie ein Hufeisen nach dem Murauer Kirchturm warf – es soll heute noch im Mauerwerk stecken.

In jener Zeit kam es zum Guerillakrieg eines gewissen Ritters von Chalons. Dieser hauste in der Höhlenburg Schallaun im Puxer Berg und unternahm Überfälle gegen die Tiroler. Maultasch schwor Rache und belagerte die Burg so lange, bis der Ritter durch einen unterirdischen Gang ins Wölzertal floh. Als sie nun abermals gegen Murau zog, stellte sich ihr das Heer von Friedrich von Teuffenbach entgegen. Es kam zu Schlachten – jenen auf der Blut- und Klingwiese. Margarete wurde besiegt und konnte in der Steiermark nie mehr Fuß fassen.

Um diese Frau ranken sich viele Legenden, immerhin spielte sie als Alleinerbin Tirols eine Schlüsselrolle und wurde umgarnt von Wittelsbachern, Habsburgern und Luxemburgern. Die angeblichen Maultasch-Kämpfe auf Blut- und Klingwiese könnten aber auch eine Erinnerung an die Türkeneinfälle sein, die 1480 hier stattfanden.

Adresse Naturpark Zirbitzkogel-Grebenzen, Hauptplatz, 8829 Neumarkt in der Steiermark, Tel. 03584/2005 | **Anfahrt** zuerst der A 9 und ab St. Michael der S 36 Richtung Klagenfurt folgen, nach der Ausfahrt Zeltweg-West weiter auf die Obdacher Straße / B 78 und später nach Granitzen, Alm direkt an der Großen Zirbitzkogelrunde, Blut- und Klingwiese ganz in der Nähe auf 1.740 Metern | **Tipp** Das Holzmuseum in St. Ruprecht ob Murau kann vom 1. April bis 31. Oktober besucht werden (Hans-Edler-Platz 1, 8862 St. Ruprecht, Tel. 03534/2202, wwww.holzmuseum.at).

76 Die Schinderkeusche

Eine fast vergessene Hinrichtungsstätte

In der Nähe von Murau, einige Gehminuten aufwärts Richtung Rantental, gelangt man zu drei viereckigen Pfeilern, die von einer niedrigen, kreisförmigen Mauer umgeben sind. Dieses schaurige Ensemble am Waldrand, das aus Bruchsteinen errichtet wurde, ist in der Gegend als »Galgengrund« bekannt. Und ganz in der Nähe befindet sich ein Gebäude, das heute noch als »Schinderkeusche« Gruselschauer zu verbreiten vermag, denn hier verbrachten die Delinquenten ihre letzte Nacht auf Erden.

Man geht davon aus, dass dieser Gerichtsstandort im 15. Jahrhundert errichtet wurde, einen Galgen muss es aber bereits im Jahr 1256 an dieser Stelle gegeben haben, denn schon der Minnesänger Ulrich von Liechtenstein (1200–1275) beschreibt ihn in seinen Texten.

Über die Errichtung der Tötungsstätte existieren keine Unterlagen mehr, man dürfte allerdings so vorgegangen sein wie überall sonst bei derartigen Bauwerken: Da es für Handwerker dramatische Folgen innerhalb ihrer Zunft haben konnte, eine solch unehrenhafte Stätte zu bauen, wird wohl auch die Obrigkeit symbolisch daran mitgearbeitet haben, um den Galgen gemeinhin als »ehrbares Bauwerk« darzustellen. In Gebrauch war er fortan jedenfalls häufig, denn es existieren noch zahlreiche Berichte im Steiermärkischen Landesarchiv über Hinrichtungen an diesem Ort – das letzte Todesurteil wurde am 20. August 1771 am Gartlerbauer vom Nickelberg, Georg Prieller, vollstreckt.

Heute sind diese Galgen zwar begehrtes Versteck beim Geocaching, aber ansonsten als Gedenkstätte eigentlich kaum im Gedächtnis geblieben. Früher gab es im ganzen Land eine viel größere Anzahl an weithin sichtbaren Richtstätten, doch gemäß der josephinischen Anordnung im 18. Jahrhundert wurden die meisten von ihnen vernichtet. So finden sich Reste von Galgen heute fast nur noch an recht entlegenen Orten wie eben hier im Murtal am Fuße der Stolzalpe.

Adresse Rathaus Murau, Raffaltplatz 10, 8850 Murau, Tel. 03532/22280 | **Anfahrt** »Galgengrund« und »Schinderkeusche« rund zweieinhalb Kilometer außerhalb von Murau an der B 96 in Fahrtrichtung Ranten | **Öffnungszeiten** Mo–Fr 8–12.30 Uhr, Di, Do 14–16 Uhr | **Tipp** Der Günster Wasserfall zwischen den Ortschaften Schöder und Krakaudorf ist der höchste Wasserfall der Steiermark – und jederzeit frei zugänglich (Tourismusverband St. Peter-Schöder, Tel. 03536/761120, www.greim.at).

77_Das »Tote Weib«

Ein Wasserfall mit langer, unheimlicher Geschichte

Um den Wasserfall »Totes Weib« ranken sich unzählige Legenden, und wenn nur halb so viele wahr sind, sollte man diesen Ort unbedingt meiden – Naturdenkmal hin oder her.

Einst sorgten in dieser Gegend die befreundeten Raubritter von Falkenstein (Mürzsteg) und Rabenstein (Neuberg) für Angst und Schrecken. Es war die Zeit des Faustrechtes (12./13. Jahrhundert), als die beiden mit ihren Horden ständig Überfälle organisierten. Und doch: Sie hatten auch Gegner. Einen zumindest – den »Einsiedler«. Der Wasserfall »Totes Weib« soll damals Unterschlupf dieses finsteren Gesellen gewesen sein, der stets wie aus dem Nichts auftauchte. Es wird auch erzählt, dass in der Nähe ein Bauernehepaar lebte, das oft von einem wüsten Holzknecht besucht wurde. Dieser Knecht machte der Bäuerin schöne Augen, und eines Tages lief die Frau mit dem Holzknecht tatsächlich in den Wald davon, die Leidenschaft im Herzen, den wütenden Mann bald aus dem Gedächtnis gedrängt – leider aber auch alle Vorsicht. Am nächsten Morgen fand der Bauer den Leichnam seiner Frau zerschmettert am Fuße eines Felshangs liegend. Seit damals heißt die Stelle »Totes Weib«.

Eine andere Geschichte erzählt von einem Soldaten, der desertierte, um zu seiner Braut nach Mürzsteg zu gelangen. Er wurde von den »Fängern« zurückgeholt und zum Spießrutenlauf verurteilt. Doch die Liebe war stärker, und der schwer Verwundete, den die Aussicht auf den damals jahrelangen Militärdienst bekümmerte, riss abermals aus. Sie fingen ihn wieder ein, und diesmal wurde er erschossen. Wenige Tage später fand man seine Braut am Fuße jener Felswand liegen. Jahre später brachte man hier am Wasserfall ein eisernes Kreuz an.

Und der Einsiedler? Er war der Legende nach ebenfalls eine Frau – die verschmähte Geliebte eines der beiden Raubritter. Eines ist also wohl gewiss: Diese Stelle muss einfach »Totes Weib« heißen.

Adresse Bürger-Servicestelle, Mürzsteg 9, 8693 Neuberg an der Mürz, Tel. 03857/820220 | **Anfahrt** über S 35 und S 6 (Ausfahrt Mürzzuschlag-West), danach weiter auf der B 23 bis zum Straßentunnel »Totes Weib« nahe der Ortschaft Frein an der Mürz, Wasserfall seitlich des Straßentunnels direkt an der alten Landesstraße | **Tipp** Der Erlebnisweg Roßlochklamm im Naturpark Mürzer Oberland garantiert ein Wiederkommen. Er wurde 2008 zum »kreativsten Lehrpfad Österreichs« gewählt.

78 Der Berggeist

Ein Verführer, der einen bei der Gier packt

Tunnelarbeiter haben seit jeher Respekt vor den Wesen, in deren Welt sie eindringen. Beim Bau des Ganzsteintunnels (1976–1980 beziehungsweise 2005–2008) war das nicht anders, denn hier soll ein Männlein leben, der Ganzsteiner Michl, das einen Schatz hütet. Die Grausamkeit, mit der dieser Michl die Raffgier der Menschen aufdeckt, ist seit jeher legendär und wird gefürchtet.

Bis heute macht etwa die Geschichte der Hammerschmiedin die Runde. Sie hatte nur ein einziges Kind, zu ihrem ganzen Glück fehlte aber noch der Reichtum des Geldes. So wanderte sie eines Tages auf den Ganzstein, weil sie vom sagenhaften Schatz im Berg gehört hatte. Tatsächlich traf sie auch auf den Hüter dieses Schatzes, den Ganzsteiner Michl. Der zeigte sich verständnisvoll für das harte Los der Handwerkerin und lotste sie in seine vor Gold und Juwelen schimmernde Höhle. Sie solle einfach zugreifen, lockte er sie. Er bot sich auch an, das Kind zu halten, damit sie mehr von dem Gold tragen könnte.

Die Hammerschmiedin konnte ihr Glück kaum fassen, reichte ihm das Kind und rannte mit dem Gold hinaus, um es unter einen Baum zu legen. Sie kehrte um, wollte zurück in die Höhle, um noch mehr zu holen, doch sie erstarrte. Wo war der Eingang geblieben? Tagelang lief sie auf dem Ganzstein umher, brüllte, weinte, tobte, aber sie konnte den Eingang zur Höhle nicht mehr finden. Nur ihr Kind konnte sie hören, wie es nach der Mutter schrie. Und den Ganzsteiner Michl, wie er sie verhöhnte und kicherte. Irgendwann fand man dann den Leichnam der Hammerschmiedin in der Mürz, und noch im starren Gesicht sollen die tiefe Trauer und Reue sichtbar gewesen sein.

Noch heute ist es manchmal auf dem Ganzstein zu hören. Das Weinen eines Kindes. Wer aber das Kichern und das lockende Rufen eines Berggeistes vernimmt, der sollte schleunigst das Weite suchen. Der Schatz unter dem Baum wurde übrigens ebenso nie mehr gefunden.

Adresse Stadtamt, Wiener Straße 9, 8680 Mürzzuschlag, Tel. 03852/25550 | Anfahrt von der S35 bis zur S6 in Ganz fahren, Wanderweg über die Hubertuskapelle bis zum Ganzsteinsender und von dort Richtung Süden bis zum Gasthaus Lendl, Start an der Sprungschanzen-Anlage des ESV Mürzzuschlag | Tipp Stimmungsvoller geht's nicht: Das weltweit einzige Brahmsmuseum befindet sich in der Wiener Straße 4 in Mürzzuschlag (Tel. 03852/3434, www.brahmsmuseum.at).

79__Das Totenkreuz

Eine düstere Warnung

In dieser Gegend wimmelt es von dunklen Mächten und unsäglichen Gestalten, denen man besser aus dem Weg geht. Das Dumme ist nur, meistens tauchen sie so unvermittelt auf, dass man meinen könnte, sie hätten es darauf abgesehen, einen zu erschrecken. Vor allem die Holzknechte, die früher oft tagelang in den Wäldern hausen mussten, kannten die Legenden dieser Region zuhauf. Eine davon ist bis heute bekannt, und jeder weiß die Zeichen zu deuten:

Auf dem Lahnsattel nahe des Dorfes Frein an der Mürz ist der Ausblick auf den Hohen Göller und den Kriegskogel atemberaubend. Doch an jenem Abend, dem Antoni-Einsiedlerabend (16. Jänner), beherrschte ein ganz anderes Phänomen die Aussicht: Die Holzfäller bemerkten ein gewaltiges, düsteres Kreuz auf dem Berg. Dieses Kreuz war so mächtig und schwarz, dass es in der untergehenden Sonne einen riesigen, einschüchternden Schatten warf. Wenn man lange genug in der freien Natur arbeitet, dann überlegt man bei solcherart Vorkommnissen nicht lange. Sofort ließen die Knechte alles liegen und stehen und liefen hinunter in ihre Holzknechthütte. Heute wollte keiner mehr hinaus in den Wald. Sie berichteten den anderen vom »Totenkreuz«, stachelten einander an, mit ihrer Geschichte das Kreuz von Mal zu Mal größer und unheimlicher zu beschreiben – und wussten gar nicht, wie recht sie mit ihren düsteren Ahnungen haben sollten.

Vier Tage später, am Sebastianitag (20. Jänner), geriet der Hohe Göller genau an der Stelle, an der sie das Kreuz gesehen hatten, in Bewegung. Eine gewaltige Schneelawine löste sich und raste ins Tal. Sie verschüttete die Holzknechthütte und riss alles mit sich, was ihr in den Weg kam.

Tage später fand man die Holzknechte, allesamt tot. Bis auf einen – dieser konnte die Geschichte weitererzählen. Seitdem gilt es, wachsam zu sein, denn wann immer sich das schwarze Kreuz auf dem Hohen Göller zeigt, droht Unheil.

Adresse Marktgemeindeamt, Hauptplatz 8, 8692 Neuberg an der Mürz, Tel. 03857/8202 | **Anfahrt** Lahnsattelbundesstraße (B 23) durch Frein und über den Lahnsattel bis ins Mariazellerland | **Tipp** Der Biobauernhof Michlbauer ist der perfekte Ausgangspunkt für zahlreiche Ausflüge (Familie Holzer, Altenberg / Greith 1, Tel. 03857/8457, www.michlbauer-holzer.at).

80 Die Geist-Erscheinungen

Ein Fußmarsch, der nichts für Ängstliche ist

Es gehört viel Mut dazu, des Nachts auf der Straße zwischen Neuberg an der Mürz und dem Ort Kapellen zu gehen. Bis in heutige Tage tauchen immer wieder Geschichten auf, die einen das Fürchten lehren. Die Leute berichten etwa, dass nahe der Pestsäule des heiligen Sebastian beim alten Steinbruch oft schwarze Katzen oder Hunde zu sehen seien. Diese würden den Fußgängern auflauern und sie aus glühenden Augen mustern. Nur wer beherzt weitergehe und sich seine Furcht nicht anmerken lasse, komme schadlos davon.

Man erzählt sich auch, dass – als es noch Eisenwerke und Hochöfen in dieser Gegend gab – einmal ein Werksarbeiter an dem Kreuz vorbeigekommen war und fürchterlich erschrak. Denn oberhalb des Kreuzes hatte er dunkle Schatten bemerkt, die wie Holzknechte zu arbeiten schienen. Er hörte auch die fallenden Äste und das Keuchen der Gestalten, dennoch sagte ihm eine Eingebung, dass er schleunigst weitergehen sollte. Keineswegs grüßen, schon gar nicht einen guten Abend wünschen!

Im Vorübergehen bemerkte er aus den Augenwinkeln, wie ihn die schemenhaften Geister anstarrten. Sie ließen ihre Sägen und Äxte sinken und beobachteten ihn. Hatte er sie nicht bemerkt? Oder hatte er etwa Angst?

Doch der Arbeiter behielt seine Furcht unter Kontrolle, ließ sich nichts anmerken und spürte zu seiner Erleichterung, wie die Erscheinungen eine nach der anderen verschwanden.

Eine weitere Geschichte erzählt von einem Mann, der an derselben Stelle den Geist seines verstorbenen Freundes sah. Dieser Geist bat ihn darum, nach Mariazell zu pilgern und für ihn zu beten. Eine Erkrankung seiner Mutter machte jedoch seine Anwesenheit erforderlich, weshalb er erst Wochen später sein Versprechen einlösen konnte. Doch da war es bereits zu spät. Bis heute soll deshalb der ruhelose Geist seines Freundes um diese Säule ziehen. Man sagt, an Vollmondnächten sei er besonders gut zu sehen.

Adresse Marktgemeindeamt, Hauptplatz 8, 8692 Neuberg an der Mürz, Tel. 03857/8202 | **Anfahrt** Lahnsattelbundesstraße (B 23) zwischen Neuberg an der Mürz und Kapellen, Pestsäule des heiligen Sebastian in Fahrtrichtung Neuberg direkt am rechten Fahrbahnrand, Parkmöglichkeit vorhanden | **Tipp** Wanderschuhe schnüren und los geht's: Am Schneealmplateau auf der Schneealpe kann man auch im Schneealpenhaus einkehren (Altenberg 87, 8691 Altenberg, Tel. 03857/2190 oder 0664/2495353).

81 Die vergessene Gruft

Die hartnäckigen Geister der Verstorbenen

Das Münster Neuberg zählt heute zu den größten und schönsten Sakralbauten im ganzen Land. Hier liegen die Gebeine seines Stifters Herzog Otto »des Fröhlichen« (1301–1339), der im Jahr 1339 in Graz erkrankte und nach Neuberg gebracht wurde. Doch auch dort konnten ihm die Bader und Alchemisten nicht helfen, so starb er am 17. Februar bald nach seiner Ankunft. Sein Leichnam wurde in Wien bei den Augustinern beigesetzt. Doch dann geschah Seltsames. Ein Mönch aus dem Zisterzienserstift in Gaming (Niederösterreich) berichtete, dass ihn der Geist des Stifters in seinen Träumen heimsuchte. Immer wieder erschien er ihm und bat um Hilfe, da er in der Gruft der Augustiner in Wien keine Ruhe fand. Viel lieber wollte er nach Neuberg, nur dort könne seine Seele Frieden finden. Ottos Bruder Albrecht II. (1298–1358) reagierte prompt, als ihm diese Geschichte zu Ohren kam. Er ließ den Leichnam ins Mürztal überstellen, und seitdem gab es auch keine düsteren Träume mehr.

Doch nun geschah etwas anderes, das manchmal im Lauf der Zeit vorkommen kann – man vergaß. Kaiser Joseph II. (1741–1790) hob das Stift Neuberg wie so viele andere im Jahr 1786 auf, und so geriet auch die Gruft, in der sich insgesamt fünf Särge befanden – auch Ottos Familie war hier beigesetzt worden –, in Vergessenheit.

Erst 1819, lange nach den Franzosenkriegen, entdeckten Arbeiter sie durch Zufall wieder, weil die große Steinplatte, die sie bedeckte, als Zahltisch verwendet werden sollte. Kaiser Franz I. (1768–1835) ließ die Gebeine nun in Steinsärge betten (1822), und wieder viele Jahre später ließ Kaiser Franz Joseph (1830–1916) die Gruft renovieren (1871) und die fünf Särge abermals feierlich beisetzen.

Warum 500 Jahre später so viel Aufhebens um die Särge gemacht wurde? Man kann nur mutmaßen, dass es abermals zu düsteren Alpträumen gekommen war, welche die Mächtigen von einst zum Handeln gezwungen hatten.

Adresse Pfarramt Neuberg, Hauptstraße 24, 8692 Neuberg an der Mürz, Tel. 03857/8225 | **Anfahrt** über S 35 und S 6 (Ausfahrt Mürzzuschlag-West), dann weiter auf der B 23 bis Neuberg | **Tipp** Im Naturmuseum Neuberg präsentiert Professor Herbert Schliefstein (1925 – 2009) seine naturgeschichtliche Privatsammlung und gibt Einblicke in die Tierwelt aller Kontinente (Hauptstraße 13, 8692 Neuberg an der Mürz, Tel. 0650/2187230, Öffnungszeiten 1. Mai–28. Okt. Di – So und feiertags 10 – 12 und 14 – 16 Uhr).

82 Das getürkte Feindbild

Was verbirgt sich hinter den Legenden?

Jahrhundertelang waren die Türken das Schreckgespenst schlechthin. Im Jahr 1480 etwa zogen sie auch durch die Gegend um Neumarkt. Der Postmeister Guganigg soll sie allzu unverfroren beobachtet haben, weshalb ihn der Pfeil eines Janitscharen niederstreckte. Kurz darauf stand ein Türke in der Werkstatt des Jammerschusters, weil dieser ihm spätabends die Schuhe richten sollte. Doch dem Krieger ging das zu langsam, also spaltete er den Schädel des Schusters. Kurz darauf wurde der Mörder von den Frauen in einer Gasse gestellt und mit Ofen- und Mistgabeln erschlagen. Das Türkengasserl und ein bemalter Türkenkopf an der Fassade des Gasthauses »Zum Mohren« erinnern daran.

So erzählt man sich die Geschichte heute, doch die Wahrheit sieht anders aus. Als nämlich die Osmanen 1480 in der Nähe waren, belagerten die christlichen Ungarn gerade den Ort Neumarkt. Die Bewohner ließen die Ungarn in der Meinung, sich gemeinsam der Heiden besser erwehren zu können, hinein. Fazit: Die Türken zogen vorbei, doch die Ungarn besetzten Neumarkt nun ganze sechs Jahre lang.

Überhaupt wurde den Türken so manches in die Schuhe geschoben: Die historische Grundlage für die Sage vom Jammerschuster lieferte etwa ein Mordfall aus dem Jahr 1760, als der Soldat eines kaiserlichen Infanterieregimentes den Schustermeister Hans Georg Moschitz erstach, weil sich dieser geweigert hatte, seine Schuhe zu reparieren. Und auch beim Postmeister Blasius Guganigg stellte sich heraus, dass dieser zur Zeit der Franzosenkriege 1805 erschossen wurde.

Kurzum: Bis ins 19. Jahrhundert war es in Mode, die großen Verbrechen dem »Erzfeind der Christenheit«, den Türken, in die Schuhe zu schieben. Die Ungarn aber, die seit dem 11. Jahrhundert hierzulande ebensolche Gräueltaten verübten, oder auch die Taten der kaum weniger zimperlichen eigenen kaiserlichen Truppen finden kaum Niederschlag im kollektiven Gedächtnis.

Adresse Tourismusinformation, Hauptplatz 18, 8820 Neumarkt in der Steiermark, Tel. 03584/2005 | Anfahrt über die A 9, in St. Michael auf die S 36 Richtung Klagenfurt abzweigen, auf der B 317 über Knittelfeld und Unzmarkt direkt nach Neumarkt, Türkengasse parallel zum Hauptplatz von Neumarkt, dort auch Mariensäule zum Gedenken an die Jahre der Pest | Tipp Sehenswert sind in Neumarkt außerdem die noch erhaltenen Teile der alten Ringmauer (1394) sowie drei Rundtürme, die im 16. Jahrhundert renoviert wurden.

83 Das heidnische Heer

Die Befreier aus dem »Königreich«

In der Nähe von Neumarkt gibt es einen Berg, den man »Königreich« nennt. Hier in der südlichen Pöllau an der Grenze zu Kärnten, einer wildromantischen Gegend, die so ursprünglich ist wie kaum eine andere Region im Land, findet man zuweilen auch Reste uralter Gemäuer. Die Leute sind der festen Überzeugung, dies seien der einstige Gerichtsplatz und das Gefängnis der Taurisker gewesen, eines Keltenstamms.

Diese Taurisker, die einst die Noriker unterwarfen, sollen sich mit ihren südlichen Nachbarn, den Römern, stets blutige Kämpfe geliefert haben. Auch wenn von solchen Schlachten historisch kaum etwas beweisbar ist, hat eine Legende bis heute Bestand. Denn hier in der Pöllau bei Neumarkt soll ein Heer erschlagen worden sein, dessen Geister seither in den Felsenhöhlen und Kammern dieses »Königreiches« hausen. Und eines Tages, wenn die Steiermark wieder bedroht wird, sollen diese Geister geheimnisvolle Feuer entfachen und als Nebelgestalten aus den einstigen Urwäldern auftauchen. Man sagt, dieses Geisterheer der alten Kelten, bewaffnet mit bronzenen Klingen und Äxten, sei unbezwingbar und beschütze das Land bis in alle Zeit.

Man kennt aus dieser Gegend auch die Sage eines jungen Burschen, dem einst träumte, von diesen Kriegern besucht zu werden. Die wuchtigen Kerle mit den langen Bärten führten ihn in ein Höhlensystem, zeigten ihm ihre Waffenkammern und redeten unaufhörlich auf ihn ein. Als er aufwachte, lagen an seiner Seite kleine Regenbogenschüsselchen in der Wiese. Diese seltsamen Formen stellten sich später als keltische Münzen heraus. Und als er versuchte, sich zu erinnern, was ihm die Wesen gesagt hatten, fiel ihm nur ein einziges Wort ein – Atnamech. Das hatten sie immer wieder ehrfurchtsvoll gewispert – Atnamech. Später erfuhr er, was es damit auf sich hatte: Dies war der Name des einstigen großen Tauriskerkönigs – des Anführers der Armee der Geister.

Adresse Tourismusinformation, Hauptplatz 18, 8820 Neumarkt in der Steiermark, Tel. 03584/2005 | Anfahrt über die A 9, in St. Michael auf die S 36 Richtung Klagenfurt abzweigen, auf der B 317 über Knittelfeld und Unzmarkt direkt nach Neumarkt | Tipp Ganz in der Nähe des »Königreiches« befinden sich die legendäre Burgruine Dürnstein und das sagenhafte Noreia.

84 Die legendäre Schlacht

Als die Germanen die Römer überrannten

Es muss ein finsterer Tag gewesen sein. Wolken hatten sich am Himmel gebildet, als eines Nachmittags des Jahres 113 vor Christus in der Nähe von Neumarkt in der Steiermark ein gewaltiges germanisches Heer auf römische Legionen traf.

Die Kimbern hatten sich mitten im Reich der Noriker bei Noreia mit Teutonen und Ambronen verbündet. Konsul Gnaeus Papirius Carbo formierte seine Heerscharen und lud die Germanenstämme zu Verhandlungen ein. Für den Weg zurück nach Noreia schickte ihnen Carbo Führer mit. Diese aber nahmen einen Umweg, während Carbos Truppen Noreia überfielen.

Man geht davon aus, dass die Römer mit sechs Legionen zu je 4.500 Mann agierten, die Mannstärke der Germanen, die den Hinterhalt bald erkannten, war weitaus größer. Rund 300.000 Krieger sollen die römischen Legionen überrannt haben. Diese wurden nur deshalb nicht völlig aufgerieben, weil sich die Wolkengebilde zu einem Gewitter formiert hatten, was von den Germanen als Zorn der Götter interpretiert wurde. So ließen sie von den Gegnern ab und hinterließen im Regen ein von Schlamm und Blut durchtränktes Schlachtfeld, auf dem 24.000 römische Soldaten verstarben.

Ganz klar, wo dieses Noreia wirklich war, ist man sich bis heute nicht. Der steirische Landesarchäologie Walter Schmid (1875–1951) organisierte zwischen 1929 und 1939 im Gebiet des Silberbergwerks von St. Margarethen Grabungen. Hier auf dem sogenannten Hörfeld habe die legendäre Schlacht seiner Ansicht nach stattgefunden. Als er schließlich auch Grundrisse von Wohn- und Schmiedestätten und eine Wehranlage mit Steinwällen, Palisaden und einen Torbogen freilegte, verkündete er in der »Tagespost« am 24. April 1930: »Die alte Landeshauptstadt lag im Herzen von Noricum.« Etwas später dann jedoch die Erkenntnis: Die Gebäude konnten nur bis ins Spätmittelalter zurückdatiert werden. Die genaue Lage des Schlachtfelds ist also weiterhin nicht geklärt.

Adresse Gemeindeamt, 8822 Mühlen, Tel. 03586/2208 | **Anfahrt** über die A 9, in St. Michael auf die S 36 Richtung Klagenfurt abzweigen, auf der B 317 über Knittelfeld und Neumarkt direkt nach Noreia | **Tipp** Die ehemalige Schule ist heute ein Museum und Erlebnisraum (Schule der Sinne, Schulgasse 2, 8820 Neumarkt, Tel. 03584/40582, www.schule-der-sinne.com).

85 Die Rache einer Mutter

Warum 1.400 Knappen sterben mussten

Bis heute hat niemand Gewissheit darüber, ob sich hinter dieser Geschichte nicht doch ein wahrer Kern befindet: Der Markt Oberzeiring war im Mittelalter für seinen Silberbergbau bekannt. Seit dem 13. Jahrhundert wurde hier geschürft, doch der Reichtum der Bergleute stieg ihnen wohl zu Kopf. Ihr Übermut steigerte sich zur Mordlust, und eines Tages schlugen sie einem kleinen Buben den Kopf ab, um diesen als Kugel beim Kegeln zu verwenden. Nicht einmal die Mutter des Buben konnte sie sonderlich einschüchtern, als sie auftauchte und die Bergleute verfluchte. Die Frau schüttete einen Krug mit Mohn aus und brüllte, so viele Mohnkörner hier lägen, so viele Jahre werde der Berg kein Silber mehr hergeben. Immer noch lachten und johlten die Bergleute – bis Wassermassen aus dem Berg schossen und sie unter sich begruben. Man sagt, dass mehr als 1.400 Knappen zu Tode kamen.

Diese Legende stammt aus dem 18. Jahrhundert, und man nahm damals an, dass sich die Flutkatastrophe von Oberzeiring entweder 1158 oder 1365 zugetragen hatte. Später geriet man zur Überzeugung, dass einst schlicht der mangelhafte Ertrag zum Stillstand des Silberbergbaus geführt hatte. Dennoch waren noch viele Generationen überzeugt davon, dass sich unter dem Wasser Silber befinden musste. Kaiser Maximilian I., »der letzte Ritter« (1459–1519), wohnte deshalb sogar einige Zeit in der Gegend. Auch das NS-Regime soll mit dem Gedanken gespielt haben, das Wasser abzupumpen. Mehr als Eisen, Schwerspat und Aragonit wurde aber nie wieder abgebaut.

Sei es, wie es sei – im Jahr 2017 feierte die Bevölkerung das 750. Jubiläum, denn im Jahr 1267 wurde der Ort als »mons cyrich« erstmals namentlich erwähnt. Bei dieser Feierlichkeit wurde auch das neu gestaltete Schaubergwerk eröffnet. Und bestimmt wurde dabei auch die alte Sage wieder erzählt und vielleicht sogar das eine oder andere Mohnkörnchen gefunden.

Adresse Schaubergwerk, Marktplatz 5, 8762 Oberzeiring, Tel. 0664/75125131 | **Anfahrt** über die A 9 und die S 36 Richtung Klagenfurt, zuletzt auf der B 114 bis Oberzeiring | **Tipp** Wer mit Kindern unterwegs ist, sollte diesen Abstecher nicht versäumen: den Freizeitpark Märchenwald in St. Georgen ob Judenburg (Ostern–Okt. 8.30–18.30 Uhr, Tel. 03583/2116, www.maerchenwald.at).

86 Der ungeklärte Mordfall

Unterwelt-Showdown im Betleitengraben

Es war wie das tragische Ende eines Krimis. Als der Mann bemerkte, dass er in eine Falle gelockt worden war, gab es kein Entkommen mehr. Auf einem abgelegenen Waldweg nahe der »Zachsog«, einer alten Mühle im Betleitengraben unweit der Ortschaft Osterwitz, ging er getroffen zu Boden. Ein Projektil hatte ihn in der Brust getroffen. Das Opfer rappelte sich hoch, stolperte weiter, später wird eine Blutspur im Wald Zeugnis seiner verzweifelten Flucht abgeben.

Es war am Freitag, den 30. Juni 1995 am späten Abend, als es hier im Betleitengraben zum dramatischen Showdown einer Grazer Unterwelt-Geschichte kam. Der Zuhälter und Drogenhändler Werner Happer hatte keine Chance. Offenbar war der 30-Jährige mit zwei Männern im Auto hierhergefahren, um die Übergabe von 300 Gramm Kokain abwickeln zu können, welches er am Vortag aus Ungarn eingeschmuggelt hatte.

Doch dann fiel der Schuss, und Happer stolperte über einen Abhang und stürzte in den Betleitenbach. Er wurde noch dreimal in den Kopf geschossen, einmal in den Hals. Wie sich später herausstellte, hatte ihn jemand mit einer Maschinenpistole der Marke Skorpion erschossen und seine Leiche unter Laub und Ästen versteckt.

Die Ermittler hatten bald einen mehrfach vorbestraften Kriminellen im Visier, dessen Zieheltern einst ein Wochenendhaus hatten – im Betleitengraben. Auch ein zweiter Verdächtiger wurde ausgeforscht, es stellte sich heraus, dass Happer offenbar zu stark im Drogengeschäft geworden war. Er hatte Feinde. Mächtige Feinde. Die Indizienkette reichte für eine Anklage. Es kam zum Mordprozess, doch dabei soll massiver Druck auf alle Beteiligten – auch auf Richter und Kriminalbeamte – ausgeübt worden sein, und letztlich wurden beide Angeklagten freigesprochen. Die Unterwelt hatte gesiegt. Bis heute ist der Mordfall Happer ungeklärt, und dem Betleitengraben haftet die unheimliche Aura eines Tatorts an.

Adresse Gemeinde-Servicestelle Trahütten / Osterwitz, Hauptstraße 2, 8530 Trahütten (Di 15 – 18 Uhr), Tel. 03461/280 | **Anfahrt** Süd-Autobahn (A 2) bis Ausfahrt 194 Lieboch, auf der Radlpassbundesstraße / B 76 bis Deutschlandsberg, der L 619 bis Kruckenberg folgen, dort auf den Zmuag-Weg abbiegen und bis Entenbach fahren | **Tipp** Ein wildromantisches Naturerlebnis bietet die Deutschlandsberger Klause. Infos (auch zu den zahlreichen Buschenschänken in der Gegend) gibt's im Tourismusverband Schilcherheimat (Tel. 03462/7520).

87 Der Fall P.

Eine Pflegemutter als grausame Mörderin

Zunächst scheint alles im Glanz der guten Tat. Eva Maria und Karl P. heiraten, ein Minister ist Trauzeuge, und als das schillernde Ehepaar in Paldau bei Feldbach 1979 einen Bauernhof kauft, um dort künftig behinderte Kinder zu pflegen, erhält es Hilfe von höchster Stelle. Die Stadt Wien unterstützt das Projekt, namhafte Politiker gehen ein und aus – nur die Gerüchte reißen nicht ab. Hinter verschlossenen Türen soll nicht alles mit rechten Dingen zugehen. Aufgrund der Hartnäckigkeit des Polizeireporters Hans Breitegger kommt im Jahr 1984 dann ein Fall auf, der die Gesellschaft erschüttert.

Seine Recherchen und die Ermittlungen der Polizei ergeben, dass das Heim nicht nur schlecht kontrolliert wurde (Besuche der Sozialarbeiter wurden angekündigt), sondern auch dass ein Mädchen unter Beihilfe der Haushälterin grausam misshandelt und ermordet wurde. Eva Maria P. und ihre Helferin schlugen das Mädchen, sperrten es in einem Luftschutzbunker bei eisigen Temperaturen tagelang ein und fütterten es nur mit Wasser und Brot. Das Kind zog sich eine schwere Lungenentzündung zu. Danach wurde es mit Valium und Alkohol abgefüllt, nach Niederösterreich gebracht und dort im »Wilden Graben« bei Reichraming im Schnee verscharrt – nachdem ihm die Pulsadern aufgeschnitten worden waren.

Als auch Karl P. gestand – der Mann war seinerzeit Bezirksrichter in Feldbach –, kam die ganze Tat ans Licht. Karl P., seine Frau und die Haushälterin hatten in einer Dreiecksbeziehung gelebt. Auch andere Kinder waren mit kaltem Wasser übergossen worden, mussten Erbrochenes schlucken, wurden geschlagen und eingesperrt oder in die Jauchegrube gehängt.

Karl P. wusste von alldem und wurde später zu fünf Jahren Gefängnis verurteilt, die Haushälterin als Komplizin zu 15 Jahren. Eva Maria P. erhängte sich in ihrer Zelle am 27. März 1985 noch während der Untersuchungshaft mit einer Strumpfhose.

Adresse Marktgemeindeamt, Paldau 41, 8341 Paldau, Tel. 03150/51100 | **Anfahrt** auf der B 68 bis Studenzen fahren, von dort auf der L 201, später auf der L 249 über Kirchberg/Raab, Berndorf und Reith bis Paldau | **Tipp** In dieser Region geht es ums Genießen. Etwa in der Vulcano Schinkenmanufaktur in Auersbach (Eggreith 26, Tel. 03114/2151, www.vulcano.at).

88 Der irre Frauenmörder

Die Mordserie des Wolfgang O.

Mordfälle wie diese schockieren auch noch Jahrzehnte später. Als im Jahr 1995 eine 43-jährige Frau in Wien ihren Pkw einparkt, reißt ein Unbekannter die Tür auf, packt sie, würgt und fesselt sie. Er wirft sein Opfer auf die Rückbank und fährt mit ihm nach Wien-Liesing in sein Haus. Dort vergewaltigt er die Frau. Als er das Haus verlässt, um Geld abzuheben, gelingt ihr die Flucht. Von nun an ist die Polizei dem Gewalttäter dicht auf den Fersen.

Doch der Mann – es handelt sich um den 38-jährigen Filmproduzenten Wolfgang O. – entführt und vergewaltigt auf der Flucht noch zwei weitere Frauen. Einer gelingt die Flucht, die zweite, eine 23-jährige Bergsteigerin, sperrt er in den Kofferraum seines Wagens und lässt sie 600 Kilometer weiter am Ufer der Salza frei, weil sie vorgibt, ihn wieder treffen zu wollen. Zu diesem Zeitpunkt hat seine Spur die Polizei bereits nach Palfau im Bezirk Liezen geführt, denn in der Wiener Wohnung von O. hatte man Dokumente der seit einem Monat vermissten Sonja S. (23) gefunden. Aus Palfau wird vermeldet, dass auch die 19-jährige Niederösterreicherin Karin M. seit etwa einem Monat spurlos verschwunden ist. Und O. war dort gesehen worden.

Bei der Großfahndung wird O. am 20. Juni 1995 in der Nähe des Attersees auf einem Fahrrad festgenommen. Wenngleich er jede Schuld bestreitet, wird Ende Juni 1995 die Leiche von Sonja S. in der Salza gefunden – die Frau war misshandelt, entkleidet, an einen Betonring gebunden und anschließend ins Wasser geworfen worden. Die Beweislast ist erdrückend: O. wird im November 1996 wegen Mordes an Sonja S. zu lebenslanger Haft verurteilt.

Zwei Jahre später findet man auch die Leiche der Karin M. in einem Wald bei Palfau. Auch die Maturantin war zuvor vergewaltigt worden. 1999 wurde O. wegen Mordes an Karin M. noch einmal verurteilt. Der mittlerweile 60-Jährige ist in der Justizanstalt Stein untergebracht.

Adresse Gemeindeamt Landl, Kirchenlandl 64, 8931 Landl, Tel. 03633/2201 | **Anfahrt** zunächst die A 9 bis zur Ausfahrt 129 Traboch nehmen, danach auf der Eisenbundesstraße / B 115 bis Lehnboden fahren und von dort auf der Erlauftalstraße / B 25 bis Palfau | **Tipp** Die Wasserlochklamm ist täglich von Mai bis Oktober (9 – 17 Uhr) geöffnet (Tel. 0676/3752949 oder www.wasserloch.at).

89 Das Grauen im Berg

Vom Sterben im größten KZ-Außenlager

Es sind neun gewaltige, unheimliche Stollen im Berg, die nur mehr eine vage Ahnung davon geben, was hier geschehen ist. Im 24-Stunden-Schichtbetrieb schufteten in Hinterberg bis zu 888 KZ-Häftlinge an der Herstellung von Flugzeug- und Panzerteilen für die Deutsche Erd- und Steinbruchgesellschaft sowie die Steyr-Daimler-Puch AG. Für das Projekt »Marmor« wurde das größte KZ-Nebenlager der Steiermark am 17. August 1944 in fieberhafter Eile instand gesetzt. Aus dem KZ Mauthausen und dem Außenlager Leibnitz-Graz wurden die Häftlinge herangekarrt und mussten – in Baracken untergebracht – in der zwei Kilometer entfernten Peggauer Wand schuften.

Gleich in den ersten Monaten wurden 98 Menschen ermordet. 27 ließ man in Graz einäschern, vier am Zentralfriedhof vergraben, und 67 verscharrte das Wachpersonal am Rand des Außenlagers in Massengräbern. Später wurden 15 ungarische Juden während des Todesmarsches von 1945 in der Nähe von Peggau erschossen und ebenfalls hier vergraben.

Nach der Räumung des Lagers am 2. April 1945 kam es noch einmal zu Gräueltaten während des Fußmarsches bis Bruck und später im Viehwaggon nach Mauthausen. 21 Menschen erreichten das Lager nur mehr tot, von neun fehlt bis heute jede Spur. Nach der Befreiung des Lagers Peggau entdeckte man noch mehr Leichen. 138 wurden exhumiert und in ihre Heimatländer überstellt, 67 Unbekannte und die 15 Juden wurden in einem Sammelgrab beigesetzt. Lagerkommandant Fritz Miroff (1902–1948) wurde von einem Militärgericht 1947 zum Tode verurteilt, der Leiter der Wachmannschaft, Franz Weber, kam mit einer Freiheitsstrafe davon. Die Mörder der ungarischen Juden blieben unbekannt.

Was sich hier an Grausamkeiten abgespielt hat, geht heute im beschaulichen Grün der Umgebung beinahe unter. Doch nicht ganz. Bereits 1955 wurde an der Stelle des Sammelgrabs ein Mahnmal errichtet, 2006 eine Gedenkstätte eingeweiht.

Adresse Gedenkstätte: Mittereggstraße 1, 8120 Peggau-Hinterberg | Anfahrt B 67 bis zur Unterbergstraße in Peggau, dieser bis zur Mittereggstraße folgen, Gedenkstätte rechts von der Straße auf einer Wiese | Tipp Wer schon mal da ist: Das Freilichtmuseum Stübing ist nicht weit (8114 Stübing, Tel. 03124/53700, www.stuebing.at)!

90 Die Waldmenschen

Im Rabenwald versteckten sich Räuber

Diesmal verfolgte der Jäger keine Spuren im Schnee, die von einem Tier stammten. Dies waren eindeutig die Abdrücke eines Menschen, der seine Schuhe mit Lumpen umwickelt hatte. Kurz darauf machte der Jäger noch einen interessanten Fund. Es war im März 1939, als er hier im Rabenwald bei Pöllau eine künstlich angelegte Höhle fand. Darin lagen neben 20 Dietrichen auch Bohrer, Feilen, Rechen und allerhand Diebesgut aus dem Haus der kürzlich überfallenen Landwirtin Johanna Lehrhofer vulgo Eckhanni. Die Frau war tagelang ohnmächtig gewesen, hatte den brutalen Überfall aber überlebt.

Mit angelegtem Gewehr untersuchte der Jäger jetzt die nähere Umgebung der Höhle und stieß auf zwei weitere ganz ähnliche Behausungen. Vorsichtig blickte er sich um. Offensichtlich hausten hier Waldmenschen, und man konnte nie wissen, wozu die fähig waren. Wenige Monate nach diesem Fund wurde in Zeil bei Pöllau ein toter Stier vor einem Almstall gefunden. Dem Tier waren die Vorderbeine zusammengebunden und die Halsschlagader durchtrennt worden. Ein rückwärtiger Schlegel war entfernt worden, der Rest des Kadavers einfach an Ort und Stelle liegen gelassen. Außerdem fand sich in der Nähe ein menschlicher Kothaufen, der von jemandem stammte, der sich seit längerer Zeit nur von Waldbeeren ernährt hatte.

Ein Halterbub konnte sich erinnern, zuvor einem völlig verwilderten Mann begegnet zu sein, der ihn nach den Tieren gefragt hatte. Erst durch seine Angaben kam die Gendarmerie auf die Spur der Täter: Es handelte sich um den gebürtigen Kroaten Ivan Meznaric, einen 72-jährigen Fleischhauer, und den Landarbeiter Franz Zifkovic, 62 Jahre alt, aus Stinatz im Burgenland. Die beiden waren jahrelang durch Vorau, Pöllau und Friedberg gestreift und hatten sich mit Diebstählen und Bettelei über Wasser gehalten.

Meznaric wurde zu sieben Jahren, Zifkovic zu acht Jahren schwerem Kerker verurteilt.

Adresse Naturpark Pöllauer Tal, Schloss 1, 8225 Pöllau, Tel. 03335/4210 | **Anfahrt** B 72 bis Feistritz bei Anger, danach auf der L 409 bis Lebing und schließlich auf der L 432 über Floing bis zum Rabenwald fahren | **Tipp** Die Sommerrodelbahn in Koglhof ist von Donnerstag bis Sonntag sowie feiertags von 10 bis 17 Uhr geöffnet (Weizerstraße 47, 8191 Koglhof, Tel. 0664/2834180, www.sommerrodelbahn-koglhof.at).

91 Der Tod des Alm-Peterl

Ein Raubmord auf der Pretul

Von der Pretulalpe aus sieht man die Sterne perfekt. Und sie bietet einen traumhaften Blick auf die Berge Veitsch, Ötscher, Schneealpe, Rax, Schneeberg – und am 24. Juni 1904 leider auch auf eine Leiche.

Es war schwer zu fassen, aber der Alm-Peterl war nicht mehr. Furchtbar zugerichtet, durch wuchtige Beilhiebe erschlagen, lag sein Leichnam am Fuße der Falltreppe im Keller des Roseggerhauses. Peter Bergner (1861–1904), der als Volksdichter und Pächter dieses stets sauberen Schutzhauses auf der Pretulalpe weithin bekannt war, war Opfer eines Raubmordes geworden. Der Mann hatte mit seiner Hündin einsam in den Bergen gelebt, war allseits beliebt gewesen und eben als Alm-Peterl bekannt.

Vom Schutzhaus aus liefen jetzt die Ermittlungen der Gendarmen, und es wurde ihnen einfacher gemacht als befürchtet. Denn der Täter, der 25-jährige Tischlergehilfe Rudolf Stergar, verhielt sich dermaßen verdächtig, dass es nicht allzu großer Phantasie bedurfte, um ihn auszuforschen. Stergar, ein notorischer Trinker und stets verschuldeter Aufschneider, warf von einem Tag auf den anderen mit Geld um sich. Er zahlte Runden in den Wirtshäusern, spendierte sogar Damenzigaretten und Zigarren, und als er plötzlich eine Taschenuhr versetzte, zog sich die Schlinge zu.

Die Ermittler waren ihm längst auf den Fersen gewesen, fanden die Eintragung im Hüttenbuch, wo sich Stergar zwar als »Ferdinand Dworschak aus Brünn«, aber mit eindeutiger Handschrift eingetragen hatte. Sie sprachen mit Wanderern, die ihn zum Tatzeitpunkt in der Nähe der Hütte gesehen hatten. Und sie recherchierten, dass die Taschenuhr eindeutig dem Opfer, dem Alm-Peterl, gehört hatte. Man verurteilte Stergar zum Tod durch Erhängen. Kaiser Franz Joseph (1830–1916) begnadigte den Raubmörder jedoch, und so fristete er sein restliches Leben im Kerker, bei hartem Lager, Dunkelhaft und Fasten am 24. Juni jeden Jahres.

Adresse Roseggerhaus (1.653 Meter), 8673 Ratten, Tel. 0664/5155498 | **Anfahrt** über die S 6 bis zur Ausfahrt Krieglach, danach auf der Weizer Bundesstraße/B 72 und dem Koglgrabenweg bis zum Pretul-Weg, markierte Wanderwege zum Roseggerhaus, ab Alois-Günther-Haus (13, 14 Stunden), Hauereckhütte (anderthalb Stunden), Ganzalmhaus (eine Stunde), Almbauer (eindreiviertel Stunde) | **Öffnungszeiten** Mai–Okt. Mi–So | **Tipp** Die Windkraftanlagen im Windpark Steinriegl auf der Rattener Alm sind mittlerweile eine Sehenswürdigkeit.

92 Die Eiserne Jungfrau

Und andere Grauslichkeiten

Die Riegersburg ist heute wohl das bekannteste Bollwerk der Steiermark und darf sich rühmen, einst die stärkste Festung des Alpenlandes gewesen zu sein. Sie wurde niemals eingenommen. Auf einem Felsrücken errichtet, wurde sie im Jahre 1138 erstmals urkundlich erwähnt und im 17. Jahrhundert von der heute noch bekannten Burgherrin Katharina Elisabeth Freifrau von Galler (um 1607–1672) zur gegenwärtigen Ausdehnung ausgebaut. Mittlerweile ist die Burg im Besitz der Familie Liechtenstein.

Seit 1987 beherbergt die Anlage auch die bedrückend-beeindruckende Hexen- und Zaubereiausstellung, die anlässlich der Steirischen Landesausstellung eröffnet worden war und seitdem gleichermaßen für Schauer und Furore sorgt. Die Ausstellung, die im Jahr 2017 überarbeitet wurde, zeigt nicht nur Folterwerkzeuge, sondern etwa auch das Skelett eines einst Geräderten. Eine Besonderheit der Schau ist unter anderem die »Eiserne Jungfrau«, eine Eisenfigur, deren Inneres mit langen Metallstäben gespickt ist. Öffnet man sie und schiebt den Delinquenten hinein, wird dieser beim Schließen der Figur an mehreren Körperstellen aufgespießt. Angeblich kam die Eiserne Jungfrau nie zum Einsatz, sondern diente lediglich der Abschreckung. Bei all den vielen anderen kreativen Quäl- und Mordwerkzeugen, die sehr wohl angewendet wurden, ist den Menschen aber auch der Einsatz der Eisernen Jungfrau durchaus zuzutrauen.

Die Riegersburg war auch Ausgangspunkt des spektakulärsten Hexenprozesses der Steiermark, geschildert in diesem Buch in dem Kapitel »Der schaurige Tod der Maria Maurer« (Ort 12). 40 Menschen wurden damals zum Tode verurteilt – nachdem man sie wochenlang grausam gefoltert hatte.

In heutiger Zeit zählt die Burganlage zu den bedeutendsten Sehenswürdigkeiten der Steiermark, ihre Greifvogelschau ist berühmt, die Burgführungen sowie die Ritterspiele zur alljährlichen Saisoneröffnung sind allseits beliebt.

Adresse Burg Riegersburg, Riegersburg 87, 8333 Riegersburg, Tel. 03153/8670 | **Anfahrt** über die A 9 bis zur Ausfahrt 150 Sinabelkirchen, von dort auf der Gleisdorfer Straße/B 65 bis Ilz und auf der Gleichenberger Straße/B 66 bis Riegersburg | **Öffnungszeiten** April, Okt. täglich 10–18 Uhr (letzter Einlass in die Burgräume um 17 Uhr), Mai–Sept. täglich 9–18 Uhr, im Winter geschlossen | **Tipp** Längst kein Geheimtipp mehr, aber immer wieder köstlich: die Schokoladenmanufaktur Zotter in Bergl 56 (Tel. 03152/5554, www.zotter.at).

93_Die Rache

Als Schladming ein Schlachtfeld war

4.000 Bauern hatten sich in Schladming verschanzt, als Graf Niklas von Salm (1459–1530) im September 1525 mit seinen Söldnertruppen vor den Stadttoren stand. Salm, der im Auftrag Erzherzog Ferdinands (1503–1564) marschierte, machte kurzen Prozess. Er steckte die Stadt in Brand. Und nicht nur das. Seine Truppen vertrieben die Bewohner und hängten die gegnerischen Kämpfer an den Straßenrändern auf.

Doch was hatte Graf Salm, den späteren Türkenbefreier von Wien (1529), zu so einer Grausamkeit bewogen? Die Antwort ist eine jahrelange Geschichte: Frondienst hatte von den Bauern immer mehr Abgaben gefordert, in ihrer Not schlossen sie sich im Ennstal 1471 und 1477 zu Bünden zusammen. Dazu nährten die Schriften Martin Luthers (1483–1546), die von Bergknappen weitergetragen worden waren, den Unmut in der katholischen Kirche.

Als 1525 die Ausläufer des deutschen Bauernkrieges Salzburg und das Ennstal erreichten, befreiten Bauern einen lutherischen Priester in Mittersill. Die Folge: Den Befreiern wurden die Köpfe abgeschlagen; jetzt ging alles Schlag auf Schlag. Bauern und Bergknappen schlossen sich zu Tausenden zusammen, ein Flächenbrand war entfacht. Schlösser und Burgen wurden geplündert, Landeshauptmann Sigmund von Dietrichstein (1484–1533) versammelte ein Heer böhmischer Söldner um sich, verlor im Moor von Gaishorn aber eine Schlacht und konnte sich nur mit höchster Not retten.

Dietrichstein rächte sich und folgte einer Weisung Wiens, wonach alle Rädelsführer zu vierteilen wären, er solle sie aufspießen, schinden und grausam bestrafen. So kämpfte sich der Landeshauptmann bis nach Schladming durch, wo er gefangen genommen wurde und beinahe selbst geköpft worden wäre, hätte er sich nicht durch eine beeindruckende Abschiedsrede gerettet. Er wurde begnadigt – und rüstete zum Gegenschlag, den Graf Niklas von Salm für ihn ausführte. Und kurz darauf brannte Schladming.

Adresse Stadtmuseum Schladming, Talbachgasse 110, 8970 Schladming, Tel. 0676/3668090 | **Anfahrt** über die A 9 bis Liezen und von dort auf der Ennstalbundesstraße bis Schladming | **Tipp** Wer sich traut, kann sich auf den Skywalk wagen und vom gläsernen Boden in den gähnenden Abgrund blicken (www.planai.at).

94 Der Hexenberg

Eine kurze Geschichte der Angst

Die Bergvölker unter den Steirern belächeln ihn und schütteln den Kopf, wenn die Grazer ihn als ihren Hausberg bezeichnen. Imposant ist der Schöckl mit seinen 1.445 Metern trotzdem, denn immerhin ist sein markantes flaches Plateau weithin sichtbar. Da der Schöckl im Sommer von Tausenden Besuchern bevölkert wird, kann man kaum glauben, dass es noch gar nicht lange her ist, dass sich die Leute vor dieser Erscheinung regelrecht fürchteten. Wer weiß, wenn sie heute alle wüssten, was und wer dort alles hausen soll, ob sie dann auch in Scharen dort hinpilgern würden?

Am Fuße des Mons Sekkels, des allein stehenden Berges, wie man ihn einst genannt hatte, hatte man zwar schon zur Römerzeit gelebt, doch jeder wusste, dass sich dort in den Wetterlöchern, den unzähligen Dolinen und Höhlen, Hexen und anderes jenseitiges Volk aufhielt. In einem Zaubererprozess im Jahr 1659 wird das sogar zu Protokoll gegeben. Aus ganz Mittelsteier sollen sich die Hexen auf dem Blocksberg getroffen haben, »zum Tanz und Gelage mit Katzengespannen, Wein und Braten«. Einen Topf mit »Koch« (Brei) sollen sie in die Erde gegraben haben – so tief wie sie gruben, so hoch fielen alsdann die Hagelsprossen auf die Erde. Als Raben seien die Hexen durch den Nebel bis nach Graz geflogen.

Bereits früh im Mittelalter diente der Bergrücken des Mons Sekkels als Kreidfeuerstelle, um die Umgebung vor Gefahr zu warnen. Man kann sich denken, dass damals nur die Mutigsten hinaufstiegen, um das Land zu beobachten und das Feuer bei drohender Gefahr zu entfachen. Im 15. Jahrhundert tummelten sich in den tiefen Wäldern rund um den Berg außerdem zahlreiche Räuberbanden, und es kam deshalb sogar zweimal zu Strafexpeditionen aus Graz (1488, 1511).

Erst im 19. Jahrhundert wurde der Berg touristisch erschlossen und nach der Semriacher Hütte (1869) auch das bis heute dominierende Stubenberghaus (1890) erbaut.

Adresse Stubenberghaus, Schöckl 73, 8061 St. Radegund bei Graz, Tel. 03132/21705 | **Anfahrt** über Graz-Andritz Richtung Norden die Rinneggerstraße und die Niederschöcklstraße bis Bleihütten fahren, dort links in die Grazer Straße einbiegen und über Ebersdorf bis Radegund, durch den Ort bis zur Talstation | **Öffnungszeiten** Informationen zu Seilbahn-Fahrzeiten und Tarifen unter www.holding-graz.at/schoeckl | **Tipp** Das Kurhaus St. Radegund mitsamt seinem Cursaal aus der Gründerzeit wurde restauriert und ist absolut sehenswert.

95 Der Doppelmord

Erfolglose Großfahndung im Wald

Ein Nachbarschaftsstreit endete am 29. Oktober 2017 mit einer Wahnsinnstat. Der mutmaßliche Täter Friedrich Felzmann (66) erschoss mit einem Gewehr eine 55-jährige Frau und einen 64-jährigen Mann. Eine 68-jährige Nachbarin wurde schwer verletzt. Danach tauchte Felzmann in den dichten Wäldern rund um Stiwoll unter.

Eine beispiellose Suchaktion, an der sich Spezialisten aus ganz Österreich beteiligten, wurde gestartet. Wochenlang kreisten Hubschrauber über dem Gebiet, Hunderte Mitglieder von Spezialeinheiten durchkämmten mit modernster Technik das von dichten Wäldern bewachsene Areal – Panzerwägen, Drohnen, Hundestaffeln, Fahnder in Zivil und natürlich auch die Cobra –, alles, was verfügbar war, suchte nach Friedrich Felzmann In einem aufgelassenen Silberbergwerk, in Höhlen, in Gebäuden; in Thal, Stübing, Geistthal, Graz und natürlich in Stiwoll selbst. Doch vergeblich. Denn bis zum Redaktionsschluss dieses Buches konnte der Täter immer noch nicht gefunden werden.

Die Ungewissheit in den Dörfern der Umgebung bleibt also, die vielen Fragen auch: Ist Friedrich Felzmann im Ausland untergetaucht (manche glauben an eine geplante Flucht), hält er sich im Wald versteckt (viele trauen ihm zu, den Winter in einer eingerichteten Höhle überlebt zu haben), oder liegt seine Leiche längst irgendwo im Unterholz?

Bis heute gibt die Wahnsinnstat von Stiwoll Fachleuten viele Rätsel auf, Fallanalytiker gehen von einer einst erlittenen »tiefen Kränkung« aus, die zu einer »eruptiven Tat« führte. Der Mörder war jedenfalls bereits seit Jahren als Querulant bekannt, trat mit YouTube-Videos in Erscheinung und beschäftigte die Gerichte. Derzeit sind 5.000 Euro Belohnung auf Hinweise, die zu seiner Ergreifung führen, ausgesetzt. Der mutmaßliche Doppelmörder von Stiwoll, Friedrich Felzmann, wurde mittlerweile in die Liste von »Europe's Most Wanted Fugitives« aufgenommen.

Adresse Gemeindeamt, 8113 Stiwoll 24, Tel. 03142/8108 | **Anfahrt** Plankenwartherstraße über Gratwein-Straßengel und Plankenwarth bis St. Oswald, dann über Jaritzberg nach Stiwoll | **Tipp** In St. Pankrazen befindet sich das denkmalgeschützte Ensemble der Wallfahrtskirche. Für Genießer: einfach verweilen!

96 Die unbelehrbaren Ketzer

Eine Geschichte über religiösen Fanatismus

Im 16. Jahrhundert breiteten sich die Ideen Luthers aus, drangen auf geheimen Wegen über die Pässe bis ins Ennstal. Die in für jedermann verständliches Deutsch übersetzten Bibeln wurden gehortet wie Schätze, versteckt und verheimlicht. Bislang nützte alles Niederbrennen von protestantischen Kirchen, Friedhöfen und Schulen nichts, der verbotene Glaube hielt sich hartnäckig. Rund um Pürgg und Tauplitz am Fuße des mächtigen Grimming dürfte damals die Hälfte der Bevölkerung als geheime Protestanten gelebt haben. Das musste sich ändern. Und so ging Maria Theresia (1717–1780) im Jahr 1752 einen grausamen Schritt weiter.

Am 1. August zerrten ihre Häscher die »unbelehrbaren Ketzer« aus deren Häusern und trieben sie davon wie Vieh. Den Weg von Tauplitz Richtung Osten legten sie noch mit Hab und Gut und ihren Kindern zu Fuß zurück. Doch in Stainach trafen sie auf den Kreishauptmann – und dieser leitete jene Tragödie ein, die bis heute unvergessen bleibt. Er nahm den Eltern die Kinder weg.

Herzzerreißende Szenen spielten sich ab, doch die Antwort fiel unerbittlich aus. Der Offizier sah nicht ein, dass sich diese Leute wegen ihres Glaubens quer durch die Erblande schleppen ließen, anstatt sich einfach bekehren zu lassen. Die Soldaten rissen die Kinder aus den Armen ihrer Eltern, Schreie, Prügel, verzweifeltes Klammern folgten, doch es half nichts. Der traurige Zug führte schließlich bis nach Iklad in Ungarn.

Während die Kinder im Ennstal in katholischen Heimen großgezogen wurden, lebten die Eltern unter furchtbaren Bedingungen. Die Hoffnung und Zuversicht war den Menschen mit ihren Kindern genommen worden. Die Situation war so schlimm, dass schon in den ersten Jahren die Reste ganzer Familien ausstarben. Immer wieder, wenn einige Männer zurückzukehren versuchten, wurden sie aufgegriffen, bestraft und zurückgeschickt. Die Verbannten sahen ihre Kinder nie wieder.

Adresse Schloss Trautenfels, Trautenfels 1, 8951 Trautenfels. Tel. 03682/22233 | **Anfahrt** über die A 9 bis Liezen und von dort über die Ennstalbundesstraße nach Trautenfels, Schloss unübersehbar auf der linken Seite – am Fuße des Grimming | **Tipp** Ein Muss: die Johanneskapelle von Pürgg, dem autofreien Ort am Fuße des Grimming (Tourismusverband Pürgg-Trautenfels, Tel. 03682/22911, www.puergg-trautenfels.at).

97_Die Höhlenburg

Aus dem Leben von Charlot von Chalons

In einer Felswand am Puxer Berg nahe Teufenbach befinden sich die Reste zweier Höhlenburgen. Die größere wird Luegg oder Puxerloch genannt, die ältere und kleinere der beiden Schallaun. Und um Schallaun ranken sich auch wilde Gerüchte.

Zur Zeit Karls des Großen (768–814) wurden die Sachsen besiegt und ein schreckliches Blutgericht über die Geschlagenen gehalten. Tausende Bauernkrieger sollen enthauptet worden sein und noch viel mehr verbannt. Der kaiserliche Edelmann Charlot von Chalons verhalf in diesen Tagen zwei Töchtern eines Sachsenfürsten zur Flucht und brachte sie in die einst noch unwirtliche Gegend des Murtales. Die drei fanden Unterschlupf in der kleineren Höhle der Puxer Wand, die Charlot von Chalons zu einer Burg ausbauen ließ. Ihr Name Schallaun soll an den Erbauer Chalons erinnern. Bald darauf heiratete er eines der beiden sächsischen Mädchen und zeugte Nachkommen. Und diese wurden schließlich zum eigentlichen Inhalt zahlreicher Legenden, verbrachten sie ihre Zeit doch als gefürchtete Raubritter, die ständig Kaufleute und Pilger überfielen. Einer von ihnen soll ein regelrechter Wüterich gewesen sein, bis seine Tochter sich an ihn klammerte und ihn mit den Worten »Rabenvater« über eine Felswand mit in den Tod riss.

Eine weitere Legende erzählt von der Gräfin Margarete Maultasch (1318–1369) aus Tirol, die während ihres angeblichen Raubzuges durch die Steiermark vom Ritter von Chalons überfallen wurde. Sie hatte vor, die Feste Schallaun auszuhungern, doch die Verteidiger flohen durch einen geheimen Gang nach Oberwölz. Als Maultasch das bemerkte, zerstörte sie die Höhlenburg.

Und auch die Sage vom Pfleger von Stein handelt von den Höhlen. Weil der Mann deren Bewohnern misstraute, entfachte er ein Familiendrama, an dessen Ende keiner der Beteiligten mehr am Leben sein sollte; so scheinen die Höhlen im Puxer Berg seit jeher allerhand Gewalt auszulösen.

Adresse Gemeindeamt, Hauptstraße 7, 8833 Teufenbach-Katsch, Tel. 03582/2408 | **Anfahrt** über die A 9 bis St. Michael, danach der Friesacher Straße / B 317 bis Scheifling folgen, weiter auf der B 96 bis Teufenbach | **Tipp** Der Eselsberger Almerlebnisweg in Oberwölz ist von Mai bis Mitte Oktober je nach Wetterlage begehbar (www.woelzertal.at).

98 Die Kindsmörder

Sie gaben dem Leben keine Chance

1907. Am Anfang ist es wohl Verzweiflung. Die 20-jährige Näherin Marie Pöschl hat nach einigen Liebesnächten mit zwei Knechten der Umgebung eine Fehlgeburt. Sie vergräbt diese in der Nähe ihres Hauses. Kurz darauf beginnt sie eine Liaison mit dem 38-jährigen Johann Koß, einem mehrfach vorbestraften Dieb und Knecht im Schloss Thal.

1908. Marie bekommt einen Sohn von Koß. Sie nennt ihn Hans. Der Kindsvater droht ihr, beide umzubringen, sollte sie Alimente einfordern. Da zieht die Frau eingeschüchtert nach Gösting, wo sie für ihre betagten Eltern sorgt.

1909. Marie wird abermals von Koß schwanger, doch weil dieser ihr wieder droht, schnürt sie sich den Bauch, um ihre Frucht zu verbergen. Als das Kind auf die Welt kommt, erdrosselt sie es mit einem Tuch, hüllt die Leiche in Fetzen und legt sie in eine Kiste neben dem Bett. Niemandem fällt etwas auf.

1910. Wieder gelingt es Koß, Marie zum Liebesakt zu drängen, und wieder wird sie schwanger. Sie bringt ein gesundes Mädchen zur Welt und erdrosselt auch dieses. Die Leiche liegt die ganze Nacht neben der Frau im Bett, ehe sie das Kind am nächsten Morgen hinter der Gartenhütte vergräbt. Es wird bestenfalls getuschelt, aber an Schlimmes denkt niemand.

1911. Ja, Marie bekommt noch ein Kind. Abermals einen Buben, und auch diesen wieder von Koß. Und ja, auch dieses Kind muss sterben. Doch diesmal fällt den Leuten auf, dass etwas nicht stimmt. Es kommt zur Untersuchung. Marie ist geständig. In der Kiste unter dem Bett wird auch die inzwischen mumifizierte und von Insekten zernagte Leiche aus dem Jahr 1909 gefunden. Marie Pöschl und Johann Koß werden zu zehn Jahren schwerem Kerker mit vierteljährlich hartem Lager verurteilt. Das Schicksal des Buben Hans ist ungewiss. Noch heute befindet sich die Schnur, mit der seine Geschwister ermordet wurden, im Bestand des Hans-Gross-Kriminalmuseums an der Karl-Franzens-Universität Graz.

Adresse Gemeindeamt, Am Kirchberg 2, 8051 Thal, Tel. 0316/58348 | **ÖPNV** Bus 48 von Gösting direkt nach Thal | **Anfahrt** über Gösting und die Thalstraße nach Thal | **Tipp** Der Thalersee gilt als eines der schönsten Ausflugsziele der Umgebung. Hier machte Arnold Schwarzenegger Maria Shriver einst einen Heiratsantrag. Mehr darüber erfährt man im Arnold-Schwarzenegger-Museum (Linakstraße 9, 8051 Thal, Tel. 0316/571947).

99 Die älteste Burg

Ihr härtester Gegner ist der Verfall

Es war ein verzweifelter Versuch, das Erbe wieder an sich zu reißen. Eberhardt Rauber griff zu den Waffen und stürmte die Burg. Doch sein Angriff wurde abgewehrt, es gab Verletzte, Geschrei, Tränen, und am Ende musste er sich geschlagen geben. Wir schreiben das Jahr 1601. Rauber, der die Burg Thalberg 1575 von seinem Vater Andrä Eberhard Rauber (1507–1575) geerbt hatte, konnte die Burg nicht halten, sie wurde verpfändet, verkauft, er wollte sie wiederhaben. Doch zu spät …

Die Burg Thalberg bei Hartberg wurde zwischen 1171 und 1180 von Leopold von Erlach-Pitten nach Art der germanischen Edelhöfe erbaut – ein Langeck mit dem Eingang im Osten. Sie gilt damit als die älteste Burg des Landes und ist eine romanische Augenweide.

Der Grund für ihre Erbauung war die immer größer werdende Gefahr, die von den Ungarn ausging, die die Markgrafschaft der Traungauer bedrohten.

Bis dahin waren in der Steiermark noch keine richtigen Burgen bekannt, so errichtete man innerhalb weniger Jahrzehnte eine ganze Reihe von Wehranlagen. Thalberg war nicht nur die erste ihrer Art, sie galt lange Zeit auch als unbezwingbar. 1529 und 1532 überrannten jedoch die Türken die Wehranlage und verwüsteten sie. Die Renovierungen danach waren kostspielig, Rauber war nur einer von vielen, die sich das nicht leisten konnten.

Das Schicksal der Burg ist also eines, das so vielen ihrer Art ähnelt. Nach dem Angriff Raubers wird sie an die Jesuiten verkauft, 1773 nach Aufhebung des Ordens vom Staat eingezogen, danach wechseln die Besitzer rasch. Die Burg zerfällt. Erst Anna Potzinger riskiert im 20. Jahrhundert die aufwendige Restaurierung und vermietet die Räumlichkeiten als Fremdenzimmer. Seit 1917 befindet sich das Anwesen in Privatbesitz der Familie Hauke-Gißlinger, die es schaffte, die Anlage im Jahr 1957 gemeinsam mit dem Bundesdenkmalamt zu restaurieren.

Adresse Burg Thalberg, Schlag bei Thalberg 1, 8241 Dechantskirchen, Tel. 0660/3500456 | Anfahrt über die Süd-Autobahn (A 2) bis Ausfahrt 116 Hartberg, weiter auf der B 54 bis Schlag bei Thalberg | Tipp Der Stubenbergsee in der Gemeinde Stubenberg gehört zu den Top-Ausflugszielen der Steiermark (Tel. 03176/8822).

100 Der Schatz im See

Immer wieder schwappt Goldsucher-Hysterie auf

Die Nazis liebten das steirische Salzkammergut. Gauleiter bezogen während des Zweiten Weltkrieges in Altaussee ihre arisierten Villen, NS-Propagandaminister Joseph Goebbels (1897–1945) bevorzugte Grundlsee. Im Salzbergwerk Altaussee begann man ab 1943 zudem ein Depot für Kunstgüter einzurichten, die man in ganz Europa unter dem Decknamen »Sonderauftrag Linz« geraubt hatte. Bis Kriegsende waren hier 6.500 Gemälde untergebracht, ganz zu schweigen von all den sonstigen Kunstschätzen. Und in der Nacht auf den 29. April 1945 kam es am Toplitzsee dann zu einer merkwürdigen Begebenheit. Eine Reihe von Kisten wurde von Ruderbooten aus im See versenkt. Der Krieg endete, der Mythos blieb. Was war in diesen Kisten?

1959 initiierte die deutsche Zeitschrift »Stern« eine Suchaktion und barg Ladungen voller Falschgeld aus dem See – mit diesen Pfund-Blüten hatte das Naziregime seinerzeit vor, die britische Wirtschaft auszuhebeln. Tagelang bewachten Gendarmen den See, verhängten alsbald ein allgemeines Tauchverbot im Toplitzsee. Dennoch gab es immer wieder abenteuerliche Suchaktionen. In den 80er Jahren wurde abermals Falschgeld heraufgetaucht, Filme wurden gedreht, zuletzt versuchte es der US-Amerikaner Norman Scott 2009, der dann aber doch nicht das nötige Geld für die Schatzsuche aufbrachte.

Man sagt, dass die Goldreserven des Dritten Reichs im Toplitzsee versenkt wurden, außerdem Hinweise auf Nummernkonten und Kunstgegenstände. Kein Wunder, dass immer wieder Hysteriewellen von den Ufern des Sees hochschwappen. Wenn auch bis heute nie bestätigt, so zählt dieser »Goldschatz vom Toplitzsee« seit damals immer wieder zu den ganz großen Abenteuergeschichten, die Schatzsucher anlocken. Bislang ist allerdings nur eines fix: Der sauerstoffarme Toplitzsee ist ein absolutes Naturjuwel.

Das sagenhafte Gold der Nazis fand man jedoch nur in Thüringen und Salzburg. Bislang zumindest.

Adresse Gemeindeamt, Bräuhof 97, 8993 Grundlsee, Tel. 03622/85330 | **Anfahrt** A 9 bis Liezen, dann auf der Ennstalbundesstraße / B 320 bis Trautenfels, dort rechts in die B 145 einbiegen und bis zur Toplitzseestraße fahren | **Tipp** Den Toplitzsee kann man nicht zu Fuß umrunden. Deshalb empfiehlt es sich, eine Plättenfahrt zu buchen (www.schifffahrt-grundlsee.at).

101 Der Pfarrermord

Mit einem Beil erschlagen

Es gab Zeiten, in denen lebte es sich für Pfarrer nirgendwo gefährlicher als in Tragöß nahe des wunderschönen Grünen Sees. Sogar der steirische Heimatdichter Peter Rosegger (1843–1918) beschreibt in seinem »Gottsucher« jene Tat vom Dezember 1493. Damals brüllte der überaus sittenstrenge und gottesfürchtige Pfarrer Melchior Lang wieder einmal von der Kanzel herab auf seine Mitbürger ein. Er tadelte das Volk wegen seiner Sünden, als sich die Tragößer plötzlich mit Worten zur Wehr setzten. Sie widersprachen ihm und streckten ihm die Fäuste entgegen, und als die Situation bedrohlich wurde, ergriff Lang die Flucht. Er kam allerdings nicht weit, denn vor dem Seitentor traf ihn ein Beilhieb im Gesicht.

Insgesamt wurden damals acht Männer zum Tode verurteilt, noch heute sind die drei Steinsäulen des Hochgerichts am Galgenberg zwischen Großdorf und Tragöß-Oberort zu sehen. Zuvor wurden die Mörder im Bachbauernhaus eingekerkert, im Hindlerhaus tagte das Hochgericht, und vor dem Armesünderkreuz nahmen sie Abschied von der Welt. Der Schädel und die beiden Oberschenkelknochen des Pfarrers wurden lange Zeit hinter dem Hochaltar aufbewahrt, heute befindet sich der Schädel in einem Glaskästchen im Vorsaal des Pfarrsaales.

Doch auch 1550 wurde in Tragöß beinahe ein Pfarrer ermordet. Männer aus Großdorf und Pichl verfolgten den Gottesmann in die Kirche. Dieser konnte aber über den Pfarrerkogel nach Admont fliehen und kehrte nie wieder zurück.

150 Jahre später, 1708, hatte Pfarrer Georg Rottschedl ebenfalls großes Glück. Die Tragößer Bauern wurden rebellisch, erschlugen am 21. April den Hofjäger Matthias Schörgenpacher (1652–1708) und trieben die Gerichtskommission samt Pfarrer in die Flucht. Rottschedl entging nur knapp dem Tod, die Rädelsführer wurden später gefasst und nach Graz gebracht. Zumindest Geistlichen dürfte dieser Ort also bis heute nicht ganz geheuer erscheinen.

Adresse Pfarramt Tragöß, Oberort 14, 8612 Tragöß, Tel. 03868/8223 | **Anfahrt** über die S 35 bis Bruck/Mur, von dort der B 116 folgen und über die Tragösser Straße und St. Kathrein/ Laming bis Tragöß | **Tipp** In der Pfarrkirche St. Magdalena von Tragöß-Oberort ist der Schädel des ermordeten Pfarrers in einem Glaskasten zu sehen. Von diesem Anblick erholen kann man sich am Ufer des herrlichen Grünen Sees (www.tragoess-gruenersee.at).

102 Die Richtstätten

Ein Sammelsurium an Grausamkeiten

Selbst für hartgesottene Archäologen sind solche Funde nicht gerade alltäglich – allerdings mussten sie ja damit rechnen. Schließlich fand hier im Birkachwald in Unterzeiring im Murtal die erste archäologische Grabung an einer historischen Hinrichtungsstätte in der Steiermark statt.

Als die Skelette freigelegt wurden, war dann auch rasch klar: Hier wurden über Jahre hinweg Leichen an Ort und Stelle verscharrt. Für den Verein Archäologie Pölstal ein überaus wertvoller, wenn auch makabrer Wissensschatz.

Die Forscher stellten fest, dass den Mord-Phantasien einst keine Grenzen gesetzt waren. Die Überreste der Leichen weisen Verletzungen durch Rädern, Verstümmeln, Köpfen und Vierteilen auf. Eines der Opfer – laut Forensikern war es zum Todeszeitpunkt zwischen 30 und 35 Jahre alt – hat sich vor der Hinrichtung selbst mit seinen Handfesseln stranguliert. Die Wissenschaftler vermuten, dass sie auf einem Feld graben, in dem mehr als 200 Leichen liegen.

Es ist eine Urkunde aus dem Jahr 1574, die uns diesen Ort historisch näherbringt: »Ein Acker, gelegen unter der Niederen Zeiring im Stolfeld gegen den galgen«, wurde verkauft. Besagter Galgen oder »das Gericht«, wie man ihn damals auch nannte, war ursprünglich aus Holz. Als er 1740 durch einen Sturm umgeworfen wurde, errichtete die Landgerichtsherrschaft Reifenstein eine Portalkonstruktion mit zwei gemauerten Säulen. Diese steinernen Säulen prägen heute noch die Landschaft.

Man geht davon aus, dass an dieser Stelle ab dem 14. Jahrhundert 200 Jahre lange jährlich etwa zwei Personen hingerichtet wurden, an dieser Stelle wurde zudem jede erdenkliche Tötungsart vollzogen, auch Körperstrafen wie etwa das Abhacken der Hände. Übrigens: Mit der Strafprozessordnung vom 23. Mai 1873 wurden Todesstrafen nicht mehr öffentlich vollzogen. Die letzte Hinrichtung in der Steiermark fand 1949 statt (siehe Ort 48).

Adresse Marktgemeindeamt Pölstal, Im Dorf 2, 8763 Möderbrugg, Tel. 03571/2204 | **Anfahrt** auf der A 9 bis St. Michael, über die S 36 und Judenburg auf die L 317 und in Furth auf die B 114 bis Unterzeiring | **Tipp** Der Naturerlebnispark Hohentauern ist überaus abwechslungsreich zu begehen. Ein echtes Abenteuer (Tourismusverband Hohentauern, 8785 Hohentauern 8, Tel. 03618/335, www.hohentauern.at)!

103 Die dunklen Zeiten

Von den harten Jahren in der Weststeiermark

Die Voitsberger hatten es im 14. und 15. Jahrhundert wahrlich nicht einfach. In den Jahren 1338, 1363, 1401 und 1435 wüteten innerhalb der Stadtmauern verheerende Brände – einmal wurde auch die Kirche bis auf die Grundmauern vernichtet. Herzog Rudolf IV. »der Stifter« (1339–1365) gewährte ihnen nach dem Brand von 1363 sogar eine sechsjährige Steuerfreiheit, wenn sie beim Wiederaufbau auf Strohdächer verzichten und ihre Häuser stattdessen mit Ziegeln abdecken würden. Viele dürften allerdings von diesem Entgegenkommen nicht Gebrauch gemacht haben, denn noch 1397 wird ein ziegelgedecktes Haus in Graz als Besonderheit genannt. Außerdem waren damals die Stallungen und Scheunen allesamt mit Stroh gedeckt, und diese Gebäude grenzten direkt an die Wohnhäuser – viel hätte ein Ziegelbau also auch nicht genützt.

Dem nicht genug, ist ein Heuschreckeneinfall für das Jahr 1373 dokumentiert, und 1385 richtete ein Hochwasser so schweren Schaden an, dass Herzog Leopold III. (1351–1386) den Voitsbergern Mautforderungen von Händlern zubilligte. Diese Mautzahlungen wurden jedoch oft umgangen, indem Fuhrwerke einfach über den Herzogberg statt durch die Stadt gelotst wurden – bis dies Herzog Albrecht III. in einem Freibrief 1391 untersagte.

Im Jahr 1348 ließ Bürgermeister Obenaus außerdem die Stadttore schließen, da die Beulenpest von Kreuzrittern eingeschleppt worden war. Und weil bei all den Schicksalsschlägen auch Sündenböcke gesucht wurden, schloss sich Voitsberg 1370 der Judenverfolgung im Land an. Kurzum: keine angenehmen Zeiten – und dabei ist hier von Ungarn- und Türkeneinfällen noch gar nicht die Rede.

Damit die Legenden jener Tage nicht vergessen werden, entschloss sich die Stadtgemeinde vor einigen Jahren, aus dem Voitsberger Schlossberg einen »Weststeirischen Sagenberg« zu machen. 25 Stelen erinnern an uralte Geschichten – ein Muss für Liebhaber alter G'schichterln.

Adresse Weststeirischer Sagenberg, Höhenstraße 5, 8570 Voitsberg, Tel. 03142/22170 | **Anfahrt** über die B 70 nach Voitsberg, dort über die Lacknergasse bis zur Höhenstraße | **Öffnungszeiten** ganzjährig an Wochentagen 8 – 20 Uhr | **Tipp** Hier, und nur hier, werden jene Lipizzanerhengste gezüchtet, die in der Spanischen Hofreitschule von Wien auftreten (Piber 1, 8580 Köflach, Tel. 03144/3323, www.piber.com).

104 Die unterirdischen Gänge

Mysterium unter uns

Das Joglland ist geheimnisvoll, geprägt von den Erzählungen des Heimatdichters Peter Rosegger (1843–1918) und bestimmt vom einschüchternden Masenberg. Doch nicht zuletzt seit die Grazer Höhlenforscher und Prähistoriker Ingrid und Heinrich Kusch hier zu Beginn der Jahrtausendwende eine Entdeckung machten, ranken sich zahlreiche Geheimnisse um diese Region.

Die Wissenschaftler fanden heraus, dass Äcker, Bauernhöfe, ja selbst das Chorherrenstift Vorau selbst unterhöhlt sind von einem unterirdischen Gangsystem. Einem Gangsystem, dessen Ursprung bis heute völlig im Dunkeln der Vergangenheit liegt.

Die Untersuchungen ergaben nicht weniger als 794 Felsgänge, Erdställe und unterirdische, aus Trockenmauerwerk errichtete Anlagen. Auch das weitverzweigte Lochstein-Vorkommen rund um den Masenberg, der zwischen Vorau und Pöllau aufragt, soll mit den Gängen zu tun haben. Man erzählt sich, dass im 16. Jahrhundert viele von ihnen auf Anweisung der Kirche zugeschüttet und versiegelt worden wären, was den Gerüchten und Geschichten nur noch mehr Nahrung verleiht.

In Kriegsjahren dienten die Gangsysteme seit jeher als Unterschlupf, im Mittelalter sogar als Müllhalden. Nur eines ist bis heute völlig ungewiss: warum sie jemals angelegt wurden. Kusch ist überzeugt, dass sie nicht als Kultplätze gebaut wurden, und auch als langfristige Unterkünfte scheinen sie kaum geeignet. Lediglich bei 28 der fast 800 gefundenen Gänge handelt es sich um mittelalterliche oder neuzeitliche Bergwerke. Bei mehreren ausgewählten Anlagen führte eine TCN-Datierung des Gesteins, die von der Karl-Franzens-Universität in Graz gemeinsam mit der Purdue University in den USA und der Universität Glasgow durchgeführt wurde, zu einem erstaunlichen Ergebnis: Die Gänge sind zwischen 10.400 und 24.000 Jahre alt. Dieses Alter gibt dem Fund viele Rätsel auf, denn wer sollte damals solche Anlagen zuwege gebracht haben?

Adresse Gemeindeamt, Rathausplatz 43, 8250 Vorau, Tel. 03337/2228 | Anfahrt B 72 bis Gschaid bei Birkfeld, danach über die L 405 bis Vorau | Tipp In Vorau gibt es den Verein Sub Terra Vorau, der gern zu Führungen in die Unterwelt bereit ist (www.subterravorau.at und Tel. 0664/3118884).

105 Flavia Solva

Ein Ort, dessen Blüte nur noch erahnt werden kann

Nahe der heutigen Ortschaft Wagna am Frauenberg bei Leibnitz gelegen, wurde Solva um Christi Geburt von den Römern auf den Trümmern einer alten keltischen Siedlung gegründet. Bereits um 70 nach Christus erhielt die Siedlung von Kaiser Titus Flavius Vespasianus (39–81 nach Christus) das Stadtrecht, und das obwohl Solva an keinem wichtigen Handelsweg lag. Fortan trug der Ort also den Titel Municipium Flavia Solva, wurde als römische Stadt neu geplant und gebaut und erlebte eine enorme Blüte.

Die Steiermark war damals Teil eines Noricum genannten Gebietes, weitgehend bewaldet und voller Sümpfe, doch von Solva aus schritt die Besiedelung des Landes voran. Die Stadt erlebte einen sagenhaften wirtschaftlichen Aufschwung, wurde Industrie- und Handelszentrum und galt bald als wichtige Verbindung zwischen Italien und der Donau. Doch im Jahr 170 zogen Markomannenhorden auf dem Weg nach Aquilea durchs Land und überschwemmten auch Flavia Solva mit Gewalt. Sie äscherten den Ort bis auf die Grundmauern ein, ein Schock, von dem sich Flavia Solva nur schwer erholte, zumal kurz darauf auch noch die Pest ausbrach. Und doch gelang es, zwar auf kleinerem Raum als zuvor, eine wirtschaftliche Blüte herbeizuführen, die in große Wohnbauten mit sogar recht luxuriöser Ausstattung mündete.

Die Völkerwanderung im 5. Jahrhundert bereitete dem Ort dann jedoch endgültig sein Ende. Neuerliche Angriffe der Germanen (diesmal waren es wohl die Quaden) verwüsteten Flavia Solva vollständig, die Bevölkerung floh auf den Frauenberg, im Jahr 488 gab der germanische König Odoakar (um 433–493) die Provinz Noricum Ripense überhaupt auf – Flavia Solva zerfiel und geriet in Vergessenheit.

Heute zählt das Gebiet um Flavia Solva zu einer der bedeutendsten archäologischen Fundstellen ganz Österreichs – seit 1878 führt das Universalmuseum Joanneum hier immer wieder Grabungen durch.

Adresse Römermuseum Flavia Solva, Marburger Straße 111, 8435 Wagna, Tel. 0316/80179560 | Anfahrt über die A 9 bis Ausfahrt 214 Leibnitz, rechts abbiegen, beim zweiten Kreisverkehr dritte Ausfahrt Richtung Leibnitz nehmen, weiter auf Hauptstraße/B 67, im Kreisverkehr erste Ausfahrt (Marburger Straße), Ziel auf der rechten Seite | Öffnungszeiten ganzjährig und rund um die Uhr geöffnet | Tipp Wenn Sie schon einmal da sind, schauen Sie sich auch das Schloss Seggau an (ganzjährig geöffnet, Seggauberg 1, Tel. 03452/824350, www.seggau.com).

106 Die Teufelsbrücke

Wer abstürzt, fällt in die Unterwelt

In den Spielmäuern bei Wegscheid im MariazellerLand soll es ganz besonders oft spuken. Das Wagnis, diese Felswand zu durchqueren, war ja seit jeher für junge Männer eine besondere Herausforderung. In früheren Tagen, so wird erzählt, machte sich der Teufel einen Spaß daraus, sich die Seelen der Mutigen und Gierigen zu krallen. Denn wer die Spielmäuer durchquere, sagte er einst, der soll mit unermesslichem Reichtum ausgestattet werden. Wer aber dabei abstürze, dessen Seele soll ihm ewig dienen. Der Handel war den Männern einerlei. Was kümmerten sie schon der Tod und das Danach? Das Leben war wichtig, und mehr noch, wenn es voller Reichtümer war. Und so gingen sie darauf ein, wagten das Spiel – und stürzten ab. Der Teufel konnte kaum fassen, wie viele Seelen er allein dank dieser Felswand ergatterte.

Eines Tages aber kletterte ein junger Mann diese Wand hinauf, als wär's ein Kinderspiel. Kein glatter Fels, keine überhängende Wand, keine sich tückisch lösenden Felsbrocken konnten ihn aufhalten. Immer weiter und weiter kletterte er, bis er unversehrt am Ziel ankam. Daraufhin wurde der Teufel so zornig, dass er seine Faust in die Wand donnerte und ein tiefes Loch hinterließ. Ein Loch, das bis heute von Wegscheid aus zu sehen ist.

Dieser mutige Kletterer war übrigens nicht nur geschickt, sondern auch schlau, denn er hatte sich zuvor Steigeisen gebastelt, fand damit Halt und vermied so den Absturz in die tödliche Tiefe.

Zur Erinnerung an jene legendenreichen Tage führt uns heute eine Teufelsbrücke in der Nähe des Gasthauses »Zur Post« zu den Spielmäuern von Wegscheid. Doch Achtung: Die Spielmäuer sind eine zwei- bis dreistündige Klettertour für Sportler mit entsprechender Ausrüstung. Und wenn einem dann auch noch die Sage im Nacken sitzt, die Steilheit des Geländes und die Höhe dazukommen, dann sollte sich vielleicht der eine oder andere eher aufs Lesen verlegen.

Adresse Kletterpark Spielmäuer, Wegscheid 4, 8634 Wegscheid, Tel. 0664/5449055 | **Anfahrt** über die S 35 bis Bruck/Mur, von dort auf der B 116 bis Kapfenberg und schließlich auf der B 20 über Thörl, Aflenz und Seewiesen nach Gusswerk | **Tipp** Das Montanmuseum Gusswerk im »Amtshaus« ist äußerst sehenswert (Bahnhofstraße 7, 8632 Gusswerk, Tel. 03882/2636).

107 Der 20-Schilling-Mord

Von der bitteren Armut nach dem Krieg

Der Gelegenheitsarbeiter Franz Arnuga (1919–1974) aus Pachern hat kein Glück. Als er im November 1955 erfährt, dass sie im Ziegelwerk Mariatrost keine Hilfsarbeiter mehr aufnehmen, schlägt er sich durch. Er schläft in einem Heustadl, verkauft seinen Wintermantel für 100 Schilling und fürchtet, so zu hungern wie im Krieg, den er als Matrose und in russischer Kriegsgefangenschaft verbrachte.

Eines Abends torkelt er mit Peter Pölzer (1908–1955), Landwirt und Vater von drei kleinen Kindern, aus einem Wirtshaus durch Wenisbuch. Pölzer hatte einen Kirtag besucht und sich danach auf dem Heimweg noch ein Bier gegönnt, jetzt hatte er nicht mehr weit nach Hause. Die beiden Betrunkenen stützen sich gegenseitig, als Arnuga eine Idee kommt. Er schlingt ein Seil um Pölzer, bindet ihn an Hals und Brust an einen Baum und stiehlt seine Geldtasche, in der sich 20 Schilling befinden. Später beteuert er, dass er sein Opfer gleich wieder hatte losbinden wollen, doch weil sich jemand näherte, habe er das Weite gesucht. Am nächsten Tag wird Pölzer tot von einem 15-jährigen Nachbarn aufgefunden. Die Spur führt schnell zu Arnuga, der sich kurz darauf aber ohnehin der Polizei stellt. Zu diesem Zeitpunkt weiß er noch nicht, dass Pölzer die Nacht nicht überlebt hat.

Arnuga wird zu lebenslanger Haft verurteilt, ein Gesuch auf vorzeitige Entlassung wird abgelehnt, da erhängt er sich in der Haftanstalt Graz-Karlau am 17. Mai 1974.

Heute erinnert ein Marterl an das Verbrechen. Die Inschrift lautet: »Durch Mörderhand muss jetzt ich sterben, verlassen diese irdische Welt. Im besten Mannesalter scheiden, vor Gottes Richterstuhl gestellt. Betrachte, Freund, Dein irdisch Leben, ob Du bereit wärst, jederzeit vor Gottes Richterstuhl zu treten, und bet' für meiner Seele Heil!«

Dieses Marterl ist seit Jahren Ziel einer Exkursion im Rahmen der Ausbildung von Grazer Polizeischülern.

Adresse Hans-Gross-Kriminalmuseum, Heinrichstraße 18, 8010 Graz, Tel. 0316/3806514 | Anfahrt in Graz-Andritz den Dürrgrabenweg nehmen, von dort auf den Hinteren Plattenweg und in die Wenisbucher Straße | Tipp Auf eine Jause und ein Glaserl Trauben- oder Rebensaft unbedingt bei Konrad Pölzer vorbeischauen (Wenisbucher Straße 141, 8044 Graz-Mariatrost, Tel. 0681/81951861, www.konradpoelzer.at)!

108 Der Fluch von Wies

Das Schwarze Manderl – ein ruheloser Geist

Das »Metropol« in Wies war sagenhaft. Von hier aus moderierte in den Achtzigern ORF-DJ Udo Huber die »Großen Zehn« und stellte die Hits der Woche vor. Ein Genehmigungsverfahren bescherte der Disco zwar ein jähes Ende, sagenumwoben blieb der Ort aber allemal. Nicht nur, weil im dunklen Schatten der Vergangenheit die Sitzgarnituren von einst erhalten blieben, auch eine Figur trieb hier ihr Unwesen, eine Gestalt, welche die Besitzer »Schwarzes Manderl« nannten.

Die Erscheinung geht zurück auf den 23. September 1850. Am Einsetzsonntag waren Tausende Pilger im Ort, da eine prunkvoll geschmückte Monstranz aus Altenmarkt in der Wieser Kirche aufgestellt worden war. Krämerbuden überall, Menschen aus allen Kronländern waren angereist. 200 von ihnen schliefen in der Scheune zwischen der Bäckerei Brauchhart und dem Kirchenwirt. Ein gieriger Knecht sperrte die Scheune jedoch ab, um später Nächtigungsgeld abkassieren zu können. Auf dem Heimweg von seiner anschließenden Zechtour bemerkte er, dass alles in Aufruhr war, denn in der Scheune wütete ein Feuer.

Die Folgen waren verheerend. Sechs Menschen, darunter auch Kinder, verbrannten an Ort und Stelle, 33 (!) weitere Personen erlagen in den Tagen darauf ihren schweren Verletzungen. Die Feuerkatastrophe wird noch heute als »Schwarzer Sonntag« von Wies bezeichnet – wer das Feuer gelegt hatte, konnte nie festgestellt werden. Der Knecht erhängte sich, und Wies erlangte nie mehr die Bedeutung von einst.

Seitdem wandelt auch diese schwarze Gestalt durch die Räumlichkeiten der Diskothek, die früher eine Wirtsstube gewesen war. Das Schwarze Manderl, das niemandem etwas zuleide tat, war bereits vom Bäcker Brauchart bemerkt worden, später von der Wirtin Josefine Weiland. Alles wurde versucht, sogar Geisterjäger wurden geholt und Messen gelesen, doch bis heute seien die Schritte zu hören. Bis heute laste der Fluch auf dem gesamten Ort.

Adresse Marktgemeinde Wies, Oberer Markt 14, 8551 Wies, Tel. 050/3465100 | **Anfahrt** über die A 9 bis zur Ausfahrt 202 Wildon, danach der Kainachtalstraße und der L 303 über Gleinstätten bis Wies folgen | **Tipp** Der Hauptplatz von Wies wird als »Wohnzimmer der Einheimischen« bezeichnet. Hier befinden sich auch beleuchtete Sitzgelegenheiten und Sonnenschirme (Tourismusbüro, Oberer Markt 3, Tel. 03465/20043).

109_Der Teufelssee

Wer ihn findet, sollte vorsichtig sein

Am westlichen Gipfel des Hochschwabs befindet sich der Teufelssee im Schafwald der Winterhöh. Einheimische meiden diesen Ort wegen der schwarzen Farbe des Wassers. Der Teufel soll sich hier gewaschen haben, sagen die einen. Die anderen behaupten, ein Schuster habe einst einen Pakt mit dem Teufel geschlossen. Der Beelzebub soll seine Arbeit machen, der Schuster bekomme das Herz der Sennerinnen – und im Gegenzug – wir kennen das – gibt der Schuster seine Seele her. Als der Schuster aber nach Ablauf der vereinbarten Zeit von dem Pakt nichts mehr wissen will, ist der Teufel so zornig, dass er sich im See abkühlt und diesen schwarz färbt.

Geschichten, ja, aber Jäger in der Gegend berichteten tatsächlich immer wieder, dass sie eine seltsame Kreatur in der Nähe des Sees gesehen haben wollen. Eine Kreatur, die sie nicht ins Visier nahmen, sondern vor der sie lieber die Flucht ergriffen. Und ein Kräuterweib will sogar beobachtet haben, dass allerlei Getier sich immer wieder vom See angezogen fühle. Das Weidevieh werde verleitet, sich nicht nur dem Ufer zu nähern, sondern auch hineinzuspringen. Immer wieder komme es deshalb vor, dass ein Stück verendetes Vieh an der Wasseroberfläche auftauche.

So ist es also kein Wunder, dass die Einheimischen diesen Ort meiden. Sie wissen es eben besser. Wenn nur auch die Auswärtigen Bescheid wüssten! Weil der Weg zum See allerdings kaum markiert ist, verirren sich viele der Nicht-Ortskundigen – was einerseits gut ist, andererseits manchmal auch nicht mit rechten Dingen zuzugehen scheint.

Wer es doch schafft, vorbei an der Doline Dönerloch bis zum Brandstein, der sollte die Gelegenheit nutzen und sich auch im Seebuch eintragen, denn wer weiß? Die wenigen Besucher, die ihn je zu Gesicht bekommen haben, behaupten, dieser See sei so anmutig schön, dass er schon morgen wieder verschwunden sein könnte. Das glaubt einem dann auch wieder keiner.

Adresse Gemeinde Wildalpen, Wildalpen 91, 8924 Wildalpen, Tel. 03636/6210 | **Anfahrt** über die A 9 bis zur Ausfahrt 129 Traboch, von dort auf der Eisenstraße / B 115 bis Mooslandl, auf der Erlauftalstraße / B 25 bis Erzholden und schließlich die Hochschwab-Straße / B 24 bis Wildalpen fahren, nach Hinterwildalpen abbiegen, nach 700 Metern dem Sauna-Schild folgen, den Wagen abstellen und für eine rund fünfeinhalb Stunden lange Rundwanderung bereitmachen, unmarkierter Weg über Siebensee zum Teufelssee; ortskundiger Begleiter empfehlenswert (Info: www.bergfex.at) | **Tipp** Das Museum »HochQuellenWasser« zeigt eine der größten Trinkwasserquellen Europas – die Kläfferquelle. Zu besichtigen ist es zwischen 1. Mai und 26. Oktober (Wildalpen 91, Tel. 03636/45131871, www.wasserleitungsmuseum.at).

110 Der Wilde Mann

Von seiner Höhle aus tyrannisierte er die Umgebung

Auf dem Wildoner Berg hausten einst Wilde Männer. Der Respekt vor diesen Wesen war so groß, dass ihr Abbild auch jenes Marktwappen zierte, das König Ferdinand I. (1503–1564) der Wildoner Bürgerschaft 1544 verlieh. Es zeigt einen behaarten Kerl auf einem Turm, der einen Streitkolben schwingt. Legenden rund um solche Riesen gibt es unzählige, und Wilde Männer – und gelegentlich auch Wilde Frauen – erscheinen auch in den Legenden anderer Orte, doch die Geschichten von Wildon sind mitunter so düster, dass man meinen möchte, niemand traute sich einst in die Wälder rund um den Ort.

Wilde Männer sind Einzelkämpfer, ausgestattet mit enormen Kräften, meist nur mit Laub oder Moos bedeckt und so primitiv, dass sie oft als »halb Tier, halb Mensch« beschrieben werden. Wissenschaftler sind der Ansicht, dies seien Kreaturen der letzten Geschichten jener rund 10.000 Jahre in Mitteleuropa, in der der moderne Homo sapiens mit dem Neandertaler zusammenlebte. Die mythischen Wildleute, vielleicht Sprösslinge der beiden Menschen-Arten, fanden schließlich Einzug in zahllose Legenden.

In Wildon muss die Erinnerung an die letzte dieser Gestalten ganz besonders intensiv gewesen sein. Der Sage nach bekam sie einst eine Wirtstochter in ihre Gewalt. Das Mädchen wurde ihre Dienerin, doch es hegte stets den Plan, sie zu besiegen. Und eines Tages gelang ihr das Unmögliche, und sie stach dem Monster mit einer Stricknadel in die Schläfe. Der schlafende Riese bemerkte den Schmerz erst spät, fand das Mädchen nicht mehr und schleuderte Stein um Stein ins Tal, ehe er zusammenbrach und starb.

Man sagt, dass in dieser Gegend auch zu späterer Zeit noch Riesen auftauchten. Als Greise mit wallendem Bart oder als Beschützer der Bergbewohner. Dennoch musste der Riese im Zuge der Gemeindezusammenlegung im Jahr 2015 aus dem Marktwappen verschwinden – und damit wohl auch aus den meisten Erinnerungen.

Adresse Tourismusverband Wildon, Untere Aue, 8410 Wildon, Tel. 03182/3227 | Anfahrt über die A 9 bis zur Ausfahrt 202 Wildon | Tipp Spazieren Sie auf den Spuren der Minnesänger: Der Literaturpfad des Mittelalters erinnert an Herrand II. von Wildon, von dem etwa die Dichtung »Die Katze« stammt. Der Pfad umfasst sieben Stationen und führt vom Schloss Wildon (Hauptplatz 55) bis zum Badesee (zwei Stunden Gehzeit).

111 Die verheerende Schlacht

Napoleons Armee war nicht aufzuhalten

Dritter Koalitionskrieg, Herbst 1805: Wie muss es diesen Männern ergangen sein, da sie seit Wochen auf dem Rückzug waren und Napoleons (1769–1821) Armee im Nacken hatten? Selbst nachdem sich dic Truppen bei Braunau mit jenen Russlands vereinigt hatten, wurde es nicht besser. Während das Hauptheer Richtung Osten marschierte, um eventuell Wien zu schützen, versuchte die Nachhut die französisch-bayerischen Verbände in Scharmützel zu verwickeln. Schon in Steyr hatte man versucht, die engen Räume und steilen Schluchten zu nutzen. Jetzt kam es am 8. November 1805 am Zellerrain zum neuerlichen Ringen. Hier am Gebirgspass westlich von Mariazell – der Landesgrenze zwischen Niederösterreich und der Steiermark – begann die verbissen geführte Auseinandersetzung. Die Franzosen, bekannt für ihre legendäre Präzision am Schlachtfeld, gegen die Nachhut einer Armee, die wusste, dass der Feind seit Wochen von Sieg zu Sieg eilte. Geschichten, die den Nimbus der Unbesiegbarkeit mit sich trugen.

Es sollte eine Schlacht werden, in der die Franzosen unter Generalleutnant Louis de Friant (1758–1829) die Österreicher vernichtend schlugen. Denn die französischen Truppen waren trotz der topografischen Kenntnisse der Verteidiger nicht aufzuhalten, schlachteten bei den Gefechten, die sich über die steilen Abhänge der Passhöhe bis nach Wegscheid hinzogen, rund 1.500 Männer ab und plünderten dabei am 8. November 1805 auch den Wallfahrtsort Mariazell. Viel mehr als eine kurze Notiz sind diese Kampfhandlungen heute dennoch meist nicht wert, denn kurz darauf ereigneten sich die Schlachten von Dürnstein und Austerlitz, Napoleon eroberte Wien, kaum eine Gegend in Mitteleuropa, die nicht vom Krieg mitgerissen wurde. Aber das sind andere Geschichten.

Ein Schild oder Mahnmal, das auf die Franzosenschlacht am Zellerain hinweist, sucht man heute jedenfalls vergeblich.

Adresse Stadtamt Mariazell, Pater-Hermann-Geist-Platz 1, 8630 Mariazell, Tel. 03882/2244 | **Anfahrt** Zellerain Straße / B 71 über Neuhaus zum Erlaufsee und nach Mariazell, Passhöhe Ausgangspunkt für herrliche Wanderungen etwa auf den Ötscher oder nach Lackenhof | **Tipp** Wer schon in der Nähe ist, sollte unbedingt seine Badehose dabeihaben. Der Erlaufsee zählt zu den schönsten Fleckerln der Steiermark (Erlaufseestraße 74, 8630 Mariazell, www.erlaufseee-strandbuffet.at).

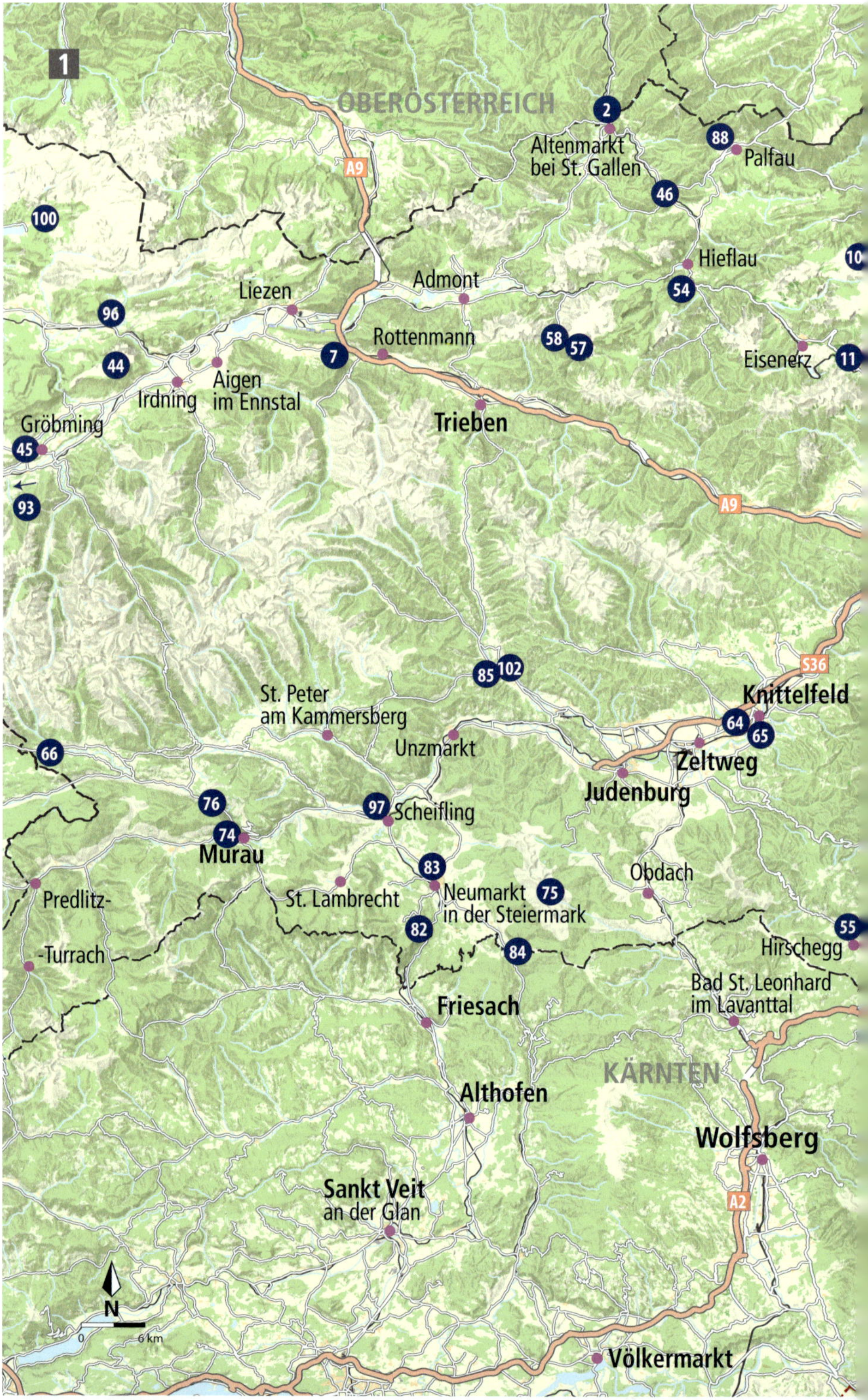
1
OBERÖSTERREICH
2
Altenmarkt bei St. Gallen
88
Palfau
A9
46
100
Hieflau
Liezen
Admont
54
96
Rottenmann
58
57
44
7
Eisenerz
11
Aigen im Ennstal
Irdning
Trieben
Gröbming
45
93
A9
S36
85
102
Knittelfeld
St. Peter am Kammersberg
64
65
Unzmarkt
66
Zeltweg
Judenburg
76
97
Scheifling
74
Murau
83
Obdach
Predlitz-
St. Lambrecht
Neumarkt in der Steiermark
75
55
82
Hirschegg
-Turrach
84
Bad St. Leonhard im Lavanttal
Friesach
KÄRNTEN
Althofen
Wolfsberg
Sankt Veit an der Glan
A2
N
0
6 km
Völkermarkt

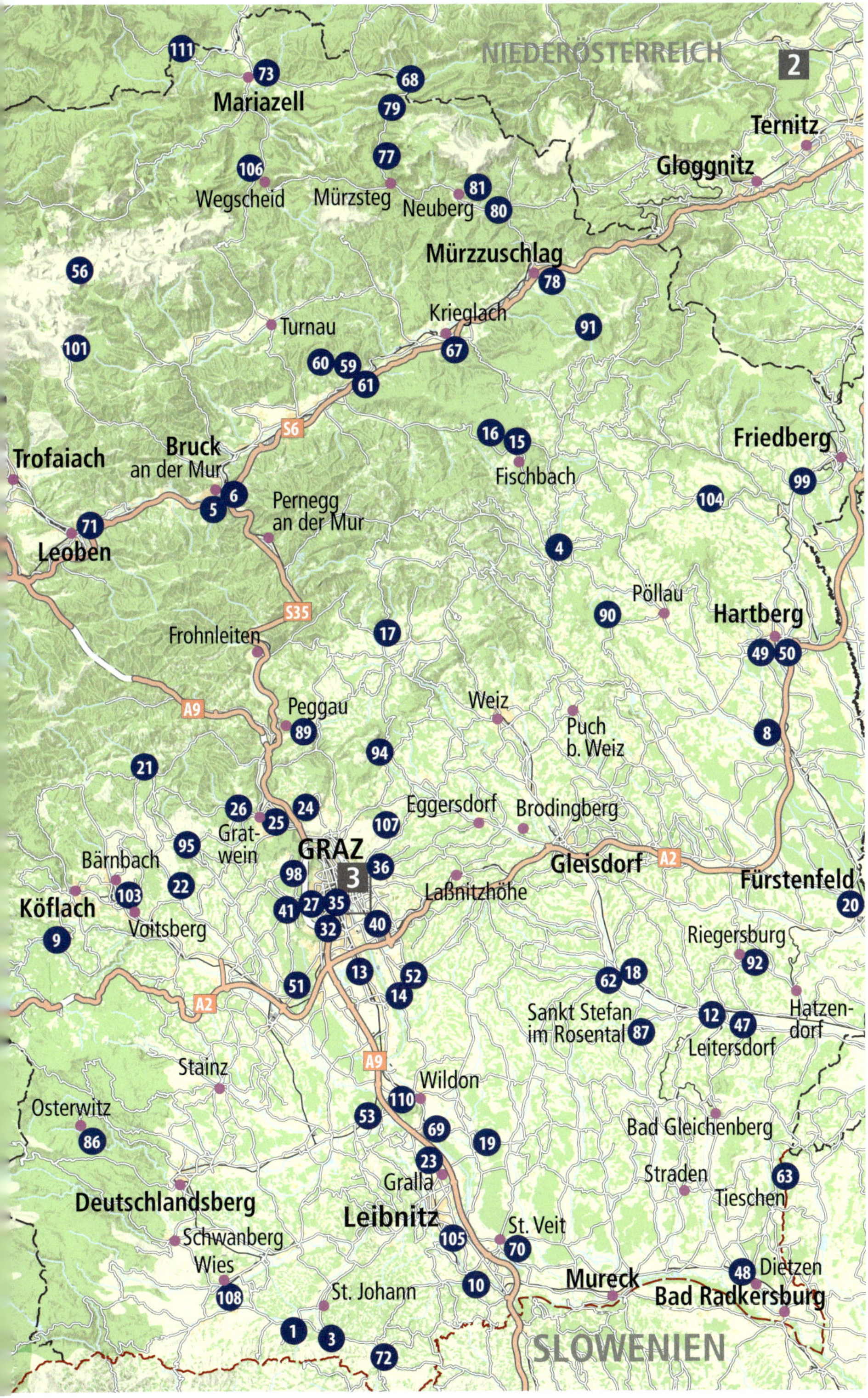

NIEDERÖSTERREICH
2
Mariazell
Ternitz
Gloggnitz
Wegscheid
Mürzsteg
Neuberg
Mürzzuschlag
Krieglach
Turnau
S6
Trofaiach
Bruck an der Mur
Friedberg
Fischbach
Pernegg an der Mur
Leoben
Pöllau
Hartberg
S35
Frohnleiten
A9
Peggau
Weiz
Puch b. Weiz
Eggersdorf
Brodingberg
Grat-wein
GRAZ
3
Bärnbach
Gleisdorf
A2
Fürstenfeld
Köflach
Laßnitzhöhe
Voitsberg
Riegersburg
A2
Sankt Stefan im Rosental
Hatzen-dorf
Leitersdorf
Stainz
A9
Wildon
Osterwitz
Bad Gleichenberg
Straden
Tieschen
Gralla
Deutschlandsberg
Leibnitz
St. Veit
Schwanberg
Wies
Dietzen
Mureck
Bad Radkersburg
St. Johann
SLOWENIEN
111
73
68
79
77
106
81
80
56
78
91
101
60
59
61
67
16
15
99
104
6
5
71
4
90
49
50
17
8
89
94
21
26
25
24
107
95
36
98
22
103
41
27
35
32
40
9
20
92
13
52
51
14
62
18
12
47
87
110
53
69
19
23
63
86
105
70
10
48
108
1
3
72

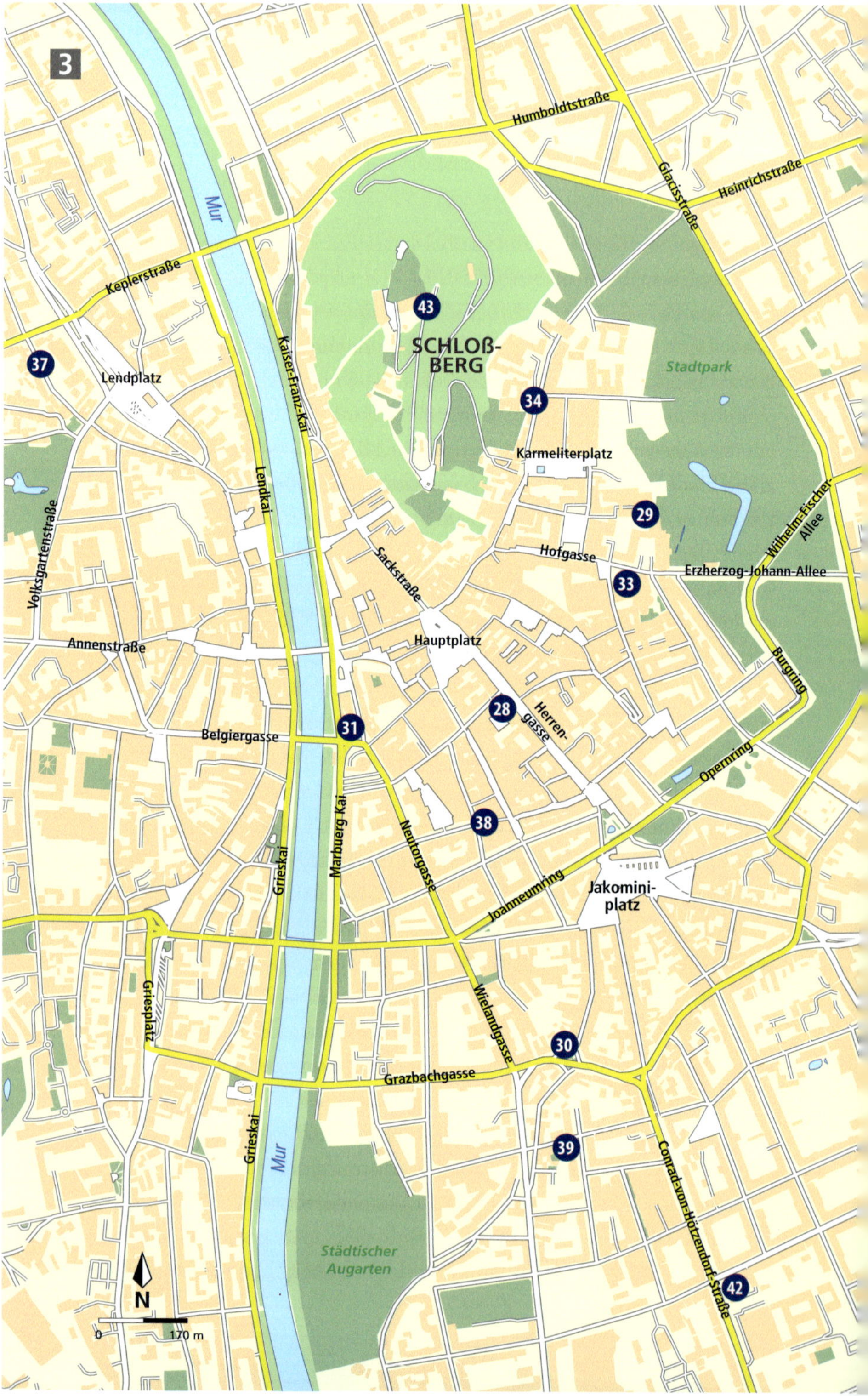
3
Humboldtstraße
Heinrichstraße
Glacisstraße
Mur
Keplerstraße
43
SCHLOß-
BERG
Kaiser-Franz-Kai
37
Lendplatz
Stadtpark
34
Karmeliterplatz
Lendkai
29
Volksgartenstraße
Sackstraße
Hofgasse
Wilhelm-Fischer-Allee
Erzherzog-Johann-Allee
33
Hauptplatz
Annenstraße
Burgring
28
Herren-
gasse
31
Belgiergasse
Opernring
38
Neutorgasse
Marburger Kai
Grieskai
Joanneumring
Jakomini-
platz
Griesplatz
Wielandgasse
30
Grazbachgasse
39
Grieskai
Mur
Conrad-von-Hötzendorf-Straße
Städtischer
Augarten
42
N
0
170 m

Robert Preis
Graz im Dunkeln
Kriminalroman
ISBN 978-3-95451-180-8

Robert Preis
Die Geister von Graz
Kriminalroman
ISBN 978-3-95451-446-5

Robert Preis
Der Engel von Graz
Kriminalroman
ISBN 978-3-95451-722-0

Robert Preis
Grazer Wut
Kriminalroman
ISBN 978-3-7408-0204-2

Gerald Polzer, Stefan Spath,
Antonia Schulz
111 Orte in der Steiermark, die man gesehen haben muss
ISBN 978-3-7408-0140-3

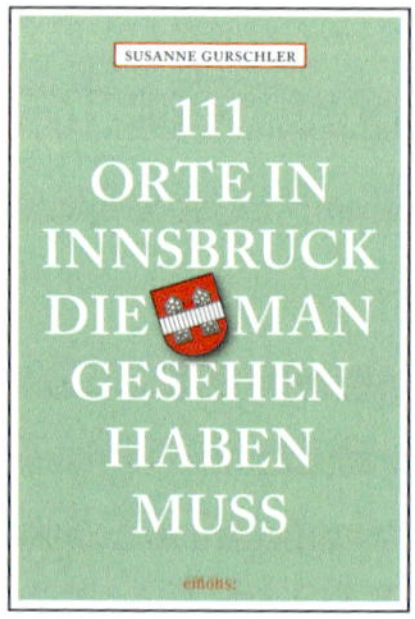

Susanne Gurschler
111 Orte in Innsbruck, die man gesehen haben muss
ISBN 978-3-7408-0343-8

Erwin Uhrmann,
Johanna Uhrmann
111 Orte im Waldviertel, die man gesehen haben muss
ISBN 978-3-7408-0346-9

Gerald Polzer, Stefan Spath
111 Orte in Oberösterreich, die man gesehen haben muss
ISBN 978-3-95451-857-9

Susanne Gurschler
111 Orte in Tirol, die man gesehen haben muss
ISBN 978-3-95451-834-0

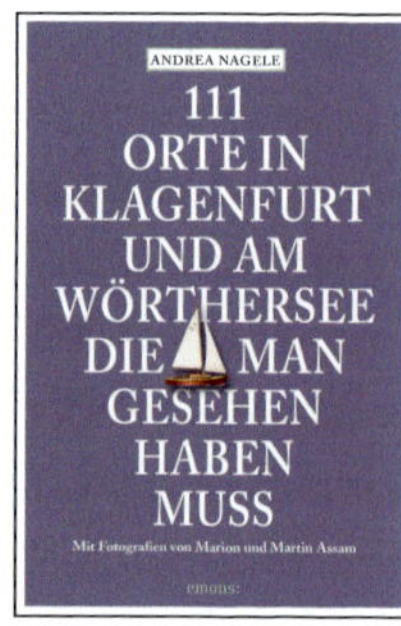

Andrea Nagele,
Marion Assam, Martin Assam
111 Orte in Klagenfurt und am Wörthersee, die man gesehen haben muss
ISBN 978-3-95451-591-2

Marion Rapp
111 Schätze der Natur rund um den Bodensee, die man gesehen haben muss
ISBN 978-3-95451-619-3

Gerald Polzer, Stefan Spath
111 Orte in Graz, die man gesehen haben muss
ISBN 978-3-95451-466-3

Gerald Polzer, Stefan Spath,
Pia Claudia Odorizzi von Rallo
111 Orte im Salzkammergut, die man gesehen haben muss
ISBN 978-3-95451-231-7

Literaturhinweise

Bachhiesl, Christian u. a., Räuber, Mörder, Sittenstrolche, Leykam Verlag, Graz 2003.

Baltl, Hermann, Rechtsarchäologie des Landes Steiermark, Verlag Hermann Böhlaus Nachf., Graz – Köln 1957.

Baltl, Hermann, Die Steiermark im Frühmittelalter, Leykam Verlag, Graz 2004.

Bieberger, Christof, Gruber, Alexandra, Hasmann, Gabriele, Geisterschlösser in Österreich, Ueberreuter Verlag, Wien 2004.

Brandtner, Paul, Beitrag zur Geschichte der Transmigration, Deutsche Forschungen in Ungarn Jahrgang IV., Heft 1 – 2, Budapest 1939.

Brauner, Franz, Steirische Heimathefte 1 – 10, Leykam Verlag, Graz 1952.

Breitegger, Hans, Cold Case – Mörder unter uns, Edition Kleine Zeitung, Graz 2012.

Breitegger, Hans, Die großen Kriminalfälle der Steiermark, Styria Verlag, Graz 2000.

Engele, Robert, Damals in der Steiermark, Styria Verlag, Graz 2011.

Engele, Robert, Damals in Graz, Styria Verlag, Graz 2010.

Goll, Nicole-Melanie, Hoffmann, Georg, »Fliegerlynchjustiz«, Verlag Ferdinand Schöningh, Paderborn 2015.

Hammer-Luza, Elke, Schöggl-Ernst, Elisabeth, Lebensbilder steirischer Frauen 1650 – 1850, Leykam Verlag, Graz 2017.

Kaiser, Erika, Das Nachleben Baumkirchners in der Literatur, Wissenschaftliche Arbeiten aus dem Burgenland, Heft 67, Eisenstadt 1983.

Kronprinz Erzherzog Rudolf / Kronprinzessin-Witwe Erzherzogin Stephanie, Die österreichisch-ungarische Monarchie in Wort und Bild, Kaiserliche Hof- und Staatsdruckerei, Wien 1890.

Lasnik, Ernst, Rund um den Heiligen Berg, Styria Verlag, Graz 1982.

Lochner von Hüttenbach, Fritz, Frühmittelalterliche Namen in der Steiermark, Leykam Verlag, Graz 2004.

Löger, Ernst, Mailly, Anton, Parr, Adolf, Sagen aus dem Burgenland, Wien / Leipzig 1931.

Murakami, Peter, Murakami, Julia, Lexikon der Serienmörder – 450 Fallstudien einer pathologischen Tötungsart, Ullstein Verlag, München 2001.

Naschenweng, Hannes P., Blätter für Heimatkunde, Historischer Verein für Steiermark, Graz 2016.

Petzoldt, Leander (Hrsg.), Sagen aus dem Burgenland, München 1994.

Preis, Robert, Dunkle Tage, raue Nächte, Styria Verlag, Graz 2007.

Preis, Robert, Das Gerücht vom Tod, Leykam Verlag, Graz 2009.

Stelzl, Peter, Südsteirische Sagenwelt, Eigenverlag, Leibnitz 1995.

Internetseiten

Zur Sagenwelt:

Trud: www.suedsteiermark.org/sage34

Strechau: www.burgerbe.de/2015/10/18/das-gruselige-burgfraeulein-von-strechau-29291

Fürstenfeld: www.sagen.at/fotos/showphoto.php/photo/24098

Neumarkt: www.tuerkengedaechtnis.oeaw.ac.at/ort/neumarkt-%E2%80%9Aturkenkopf-und-turkengasse

Judenverfolgung, Naziregime:

www.erinnern.at

david.juden.at

www.ikg-wien.at/friedhoefe-massengraeber

Graz: www.derstandard.at/2000008717504/Graz-Gedenken-im-Keller-und-auf-Papier

Hartberg: www.generationendialog-steiermark.at/orte/gedenkstein-opfer-von-1945

Gratkorn: www.nursoldaten.atavist.com/es-sind-nur-soldaten-da-gewesen

Historisches:

Richtstätten: www.lefnaer.com/recht/galgen_Galgen%20Murau

Johnsbach: www.auf-den-berg.de/wandern/steiermark/der-bergsteigerfriedhof-in-johnsbach

Natürlich schreibt sich so ein Buch nicht ganz von selbst. Die Literaturrecherche war ebenso intensiv wie die zahlreichen Gespräche und Interviews. Meinen besonderen Dank möchte ich an dieser Stelle vor allem an Leopold Toifl, den Chefhistoriker des Landeszeughauses, aussprechen. Er war nicht nur Erstleser des Manuskriptes, sondern ist seit Jahren einer meiner Lieblings-Geschichte(n)-Erzähler. Dieses Merkmal teilt er mit dem Zeithistoriker Gerhard Dienes und dem Journalisten Hans Breitegger, deren Gabe es ist, komplexe Ereignisse simpel erklären zu können.

Ebenfalls danken möchte ich an dieser Stelle dem Birkfelder Lokalhistoriker Wolfgang Struschka, Elisabeth Schöggl-Ernst vom Steiermärkischen Landesarchiv, dem Kunsthistoriker Ulrich Becker, meinem »Damals«-Kollegen Robert Engele, Christian Bachhiesl, dem Leiter des Kriminalmuseums, dem Historiker Hannes P. Naschenweng, Maximilian H. Tonsern, Pater August Janisch vom Stift Rein sowie zwei Personen, die 2018 leider verstorben sind: dem Reiner Stifts-Archivar Norbert Müller und Friedrich Anderhuber vom Institut für Anatomie an der Universität Graz. Sie alle weckten mit ihren Geschichten und Begegnungen der letzten Jahre die Lust des Erzählens in mir. Und – auch wenn sie es gar nicht gewollt haben – die Faszination des Grauens.

Kein anderer hätte das Geschriebene aber so effektvoll in Szene setzen können wie Niki Schreinlechner. Der Fotokünstler aus Graz ließ sich die Originalschauplätze nicht entgehen und erzählt mit seinem Spiel aus Licht und Schatten seine ganz eigene Version der Geschichten. Uns verbindet eine alte Freundschaft – und ein merkwürdiges Land.

Der Autor

Robert Preis wurde 1972 in Graz geboren und ist dort aufgewachsen. Nach dem Publizistik- und Ethnologiestudium in Wien lebt er heute mit seiner Familie wieder in der Nähe seiner Heimatstadt. Er ist Redakteur einer Tageszeitung und schrieb zahlreiche Sachbücher und Romane. Bei Emons erscheint die Grazer Krimiserie rund um Chefinspektor Armin Trost (»Graz im Dunkeln«, »Die Geister von Graz«, »Der Engel von Graz«, »Grazer Wut«). www.robertpreis.com

Der Fotograf

Niki Schreinlechner ist seit über 20 Jahren selbstständig im Bereich Mediendesign und Werbung mit dem Schwerpunkt Fotografie und Video tätig. Seit 2016 ist er Dozent an der LIK Akademie Graz für Foto und Design. Viele seiner Arbeiten wurden bei nationalen und internationalen Wettbewerben ausgezeichnet und publiziert. www.nikischreinlechner.at